LE PROCÈS

DES

MINISTRES

(1830)

LES GRANDS ÉPISODES DE LA MONARCHIE CONSTITUTIONNELLE

LE PROCÈS

DES

MINISTRES

(1830)

D'APRÈS LES PIÈCES OFFICIELLES ET DES DOCUMENS INÉDITS

PAR

ERNEST DAUDET

PARIS

A. QUANTIN, IMPRIMEUR-ÉDITEUR

ANCIENNE MAISON JULES CLAYE

RUE SAINT-BENOIT

1877

INTRODUCTION

Le 15 décembre 1830, quatre des anciens ministres de Charles X, mis en accusation par la chambre
des députés, comme coupables du crime de haute
trahison, comparaissaient devant la chambre des
pairs, érigée en cour de justice et siégeant au palais
du Luxembourg. Après des débats émouvans qui du-
rèrent sept jours, au milieu de Paris en armes, sous
les clameurs d'une population exaspérée contre les
inculpés, dont elle menaçait la vie, le président de
la cour prononça une sentence rigoureuse, mais humaine, que les passions contemporaines trouvèrent
insuffisante, mais dont la clémence soulagea le cœur
des hommes de bien et devait honorer, par-delà les

temps, la mémoire des juges et celle du gouvernement qui avait secondé avec ardeur leur désir de ne pas répandre le sang.

Cet épisode de notre histoire, dont les détails sont oubliés ou ignorés, n'avait jamais été raconté avec les développemens qu'il comporte. Mis en possession de documens inédits et de communications bienveillantes, il nous a paru bon d'en reconstituer le récit, en le faisant précéder d'un résumé sommaire des événemens que le procès des ministres couronna, et en le complétant par le tableau de ceux qui mirent un terme à cette période agitée, de laquelle on peut dire qu'elle fut le prologue du grand ministère Pcrier, dont nous avons le dessein de raconter un jour l'instructive histoire.

C'est ce récit qu'on va lire. Il offre, à ce qu'il nous a semblé, un saisissant intérêt qui le recommande à l'attention des lecteurs, — intérêt qui résulte autant des enseignemens qu'on y pourra recueillir que du caractère dramatique de ces heures lointaines, si peu connues de la génération nouvelle et dignes cependant d'être tirées de l'oubli. — Il forme en outre la suite du livre que nous avons consacré précédemment au ministère de M. de Martignac[1]. Écrit comme ce dernier dans un sentiment de sympathie respectueuse pour la monarchie constitutionnelle, ses principes, ses hommes, ses œuvres, ses procédés de gouvernement, nous osons espérer qu'il trouvera parmi cette portion du public qu'intéressent les grands souvenirs de notre histoire nationale le même accueil que son aîné.

Au moment où se déroulaient les événemens que nous allons raconter, la France sortait d'une révolution née subitement des périls qu'avait courus la liberté, — révolution à jamais regrettable qui, dans sa précipitation à se venger de ceux qui l'avaient provoquée, venait de renverser en trois jours un trône huit fois séculaire et de porter au régime parlementaire, alors même qu'elle s'accomplissait en son nom, une inguérissable blessure de laquelle devait périr, dix-huit ans plus tard, la monarchie de Juillet, fondée aussi sur ce régime. Une sanglante bataille

---

1. *Le Ministère de M. de Martignac, sa vie politique et les dernières années de la Restauration d'après des publications récentes et des documens inédits.* (Ouvrage couronné par l'Académie française.) Paris, Dentu, 1875.

engagée dans les rues, un roi fugitif, ses ministres succombant sous le poids de leur incapacité plus encore que sous le poids de leurs fautes, ses soldats dispersés, ses émissaires impuissans à apaiser la rébellion et reçus par ces mots : Il est trop tard; l'émeute triomphant au nom du droit violé et poussant jusqu'à la plus intraitable fureur ses vengeances et ses représailles, tels avaient été les traits principaux des trois journées. Quand ce drame eut pris n, les ardeurs qui l'avaient rendu redoutable lui survécurent longtemps encore. Dans les imaginations et dans les cœurs restèrent des souvenirs amers et d'ineffaçables rancunes. Les ambitions déçues, les espérances trompées y déchaînèrent des colères nouvelles, et au lendemain de ce combat entrepris pour la liberté, ce n'est plus la liberté qui courut des périls, mais l'ordre public.

Dans les chambres, dans les conseils du gouvernement, dans la presse, la lutte recommença entre les hommes qui avaient souhaité la chute de Charles X et s'en étaient réjouis, et ceux qui, surpris par l'événement sans l'avoir désiré, s'étaient rangés autour du pouvoir nouveau, non pour en faire l'instrument, le complice et l'esclave des passions anarchiques, mais pour l'aider à leur résister et tenter de renouer, de concert avec lui, sur un terrain plus large que celui de la Charte de 1815, la tradition du régime représentatif, inauguré par cette Charte, sagement pratiquée jusqu'au 8 août 1829 et dénaturée tout à coup par l'avénement du ministère Polignac. De ces hommes unis la veille, quoiqu'avec des intentions différentes, dans la revendication des libertés, les uns, à qui manquait l'esprit de gouvernement, se montraient crédules au point de penser qu'il leur serait aisé de contenir, sans recourir à d'énergiques mesures, le flot populaire après l'avoir déchaîné. Ils continuaient à flatter la foule, à donner un aliment à ses passions, en lui laissant croire que les réformes qu'ils rêvaient, et qu'excitée par eux, elle réclamait, peuvent être le fruit d'un jour et devaient lui être spontanément octroyées. Les autres, au contraire, rendus prévoyans par l'expérience du passé, estimaient que la sécurité est le premier des biens, la condition même de la liberté. Ils entendaient avant de poursuivre l'exécution d'un programme largement libéral que l'ordre public fût rétabli et que la

France eût affirmé sa modération et sa sagesse. Le procès des ministres fut le terrain sur lequel les exigences des uns et la ferme volonté des autres de maintenir l'ordre et de faire respecter la Charte de 1830 se rencontrèrent en un choc redoutable dont il nous a paru bon de ressusciter les bruyantes péripéties.

Ce n'est pas seulement une question d'humanité qui fut résolue le 21 décembre 1830, quand la justice de la Cour des pairs, secondant les généreuses intentions de Louis-Philippe, épargna la vie des anciens ministres de Charles X et quand l'énergie de quelques hommes de cœur et de devoir les protégea contre les fureurs d'une populace ameutée ; ce fut aussi une question d'avenir. Issu d'une révolution, le nouveau gouvernement proclamait ainsi par ses premiers actes qu'il résisterait à la domination des passions révolutionnaires et au joug de ceux qui voulaient exploiter ses embarras au profit de leur ambition et de leur popularité. Au lendemain de son avénement, il fondait sa puissance sur les bases éternelles de tout gouvernement fort, libéral et humain. Il s'assurait une longue existence, qui aurait duré, il est permis de le croire, bien au-delà des dix-huit années durant lesquelles elle s'est exercée, si les principes qui avaient fait la force et assuré l'impérissable gloire du ministère Perier étaient restés pour M. Guizot et ses amis l'objet d'un égal respect, — temps heureux durant lequel la France a joui librement des bienfaits de la paix et de la liberté et que tout ce qui s'est passé depuis fera regretter toujours aux amis sincères des institutions représentatives.

On peut apprécier, par ce rapide exposé, l'intérêt et le but des pages qui vont suivre. Consacrées à l'histoire des scènes dramatiques qui précédèrent et suivirent la chute de la monarchie légitime, elles permettront d'étudier dans tous leurs développemens les difficultés que rencontra dès sa naissance le gouvernement de Juillet et les efforts qu'il fit pour les vaincre. Elles démontreront, en outre, qu'après la victoire d'un parti sur un autre, quand l'œuvre du sort est accomplie, quand les débris d'une couronne gisant sur le sol de la patrie attestent que les vengeances les plus légitimes comme les plus injustes ont été satisfaites, et que toutes les fautes ont reçu en une fois un solennel et sévère châtiment, il n'est ni bon, ni digne, ni logique que les vainqueurs aillent rechercher parmi les vaincus des victimes expiatoires pour faire peser sur elles les dernières convulsions d'une colère épuisée. Si le roi Louis-Philippe et les plus sages de ses conseillers avaient été libres d'agir selon leur cœur, jamais M. de Polignac et ses collègues n'auraient été poursuivis ; et lorsque, durant les préliminaires de leur procès, M. Berryer, alors à ses débuts, déclarait que la Charte étant violée dans la personne du roi déchu, elle ne pouvait plus être appliquée à ses ministres ; lorsqu'il s'écriait : « Oui, ils sont coupables ! mais vous ne pouvez pas vous faire leurs accusateurs, et je ne leur vois plus de juges sur la terre de France, » il affirmait une doctrine vraie autant que généreuse et répondait à la pensée intime de toutes les intelligences droites. Mais ce fut à cette heure difficile la destinée douloureuse du gouvernement de Juillet d'être contraint de subir le despotisme de l'opinion. Du moins, il traça lui-même avec une énergique résolution et une inflexible rigueur la limite qu'il ne dépasserait pas, et provoqua une admirable et consolante conjuration qui répondait aux clameurs vengeresses en proclamant les droits de la clémence, et les fit prévaloir au dernier moment. Près d'un demi-siècle a passé sur ces événemens, mais le temps, en s'écoulant, n'a pas modifié pour les hommes animés de sentimens justes et humains l'expression qui était alors dans la plupart des consciences, et l'on tressaille encore en relisant ces belles paroles que M. Guizot prononçait à la tribune de la chambre des députés le 9 novembre 1830 : « Après avoir changé le gouvernement et renouvelé la face du pays, c'est une chose misérable que de venir poursuivre une justice mesquine à côté de cette justice immense qui a frappé, non pas quatre hommes, mais un gouvernement tout entier, toute une dynastie. En fait de sang, la France ne veut rien d'inutile. Toutes les révolutions ont versé le sang par colère, non par nécessité; trois mois, six mois après, le sang a tourné contre elles. » Les sentimens que M. Guizot exprimait avec tant d'éloquence animèrent non-seulement M. de Martignac et les autres défenseurs des accusés, mais encore leurs juges, et c'est un spectacle honnête et consolant que celui de tant d'efforts entrepris afin de sauver la vie de quatre hommes pour qui l'histoire plaiderait sans doute aujourd'hui les circonstances atténuantes, si leur tentative avait réussi ; qui furent surtout coupables de n'avoir pas compris leur temps, d'avoir séparé les intérêts de la couronne des intérêts du pays, et sacrifié, avec une légéreté qui n'eut d'égale que leur incapacité, les droits de la nation à leur dévoûment pour une dynastie que leur présence aux affaires mettait seule en péril.

Tel est donc le récit que nous plaçons sous les yeux des lecteurs. Ils y trouveront, ils le savent déjà, un respect profond pour le passé, une ardente admiration pour les grandes mémoires à qui les temps contemporains n'ont pas encore donné de rivales. Les hommes de 1830 avaient été formés pour la plupart à la forte école de la Restauration. Ils y avaient puisé le goût et l'amour de la liberté, et appris à en connaître les inépuisables ressources et les précieux avantages. Mais ils n'admettaient pas plus qu'elle dégénérât en licence, ni qu'elle donnât des armes à la tyrannie du nombre qu'ils ne comprenaient que, sous prétexte d'ordre public, on essayât de courber le pays sous le despotisme d'un seul. Ils entendaient poursuivre l'œuvre entreprise par leurs anciens : l'initiation de la France aux institutions libérales, mais aussi la défendre contre l'anarchie, et le procès des ministres fut la date décisive où, entre la politique complaisante qui flatte les défauts du pays et celle qui leur résiste, ils firent leur choix. On peut donc, surtout à cette heure de leur carrière, les offrir en exemple à leurs successeurs, et c'est pour cela que de ces récits, rédigés d'après des documens propres à remettre en lumière des vérités oubliées, se dégage le plus attachant intérêt.

Mais si l'histoire ressuscitée, ainsi que nous le faisons, avec impartialité et sagesse, peut servir, par les enseignemens qu'elle porte en soi, à éclairer le présent, elle ne doit pas être aux mains des partis un instrument de passion et de haine. Le devoir de l'écrivain politique consiste non à y rechercher ce qui peut accroître nos divisions et nos discordes, mais ce qui peut les apaiser et nous en inspirer la salutaire horreur. Les maux qu'elles ont produits, les catastrophes qu'elles ont provoquées, les efforts qui ont été tentés pour les contenir, voilà les seules leçons qu'il faille demander à l'histoire. C'est pres-qu'un crime de ne l'interroger que pour en obtenir des assimilations faciles, des souvenirs passionnés bons à exciter les partis les uns contre les autres. Aussi, lorsque des faits récens ont amené dans le gouvernement de la France de notables changemens, sans excéder d'ailleurs les limites imposées par la Constitution au droit du pouvoir exécutif, est-ce avec douleur que nous avons vu, sous des plumes emportées par la colère, les causes de la révolution de 1830 rappelées avec violence et d'ardentes pro-vocations adressées au ministère du 18 mai dernier, au nom même des fautes du ministère du 8 août 1829.

Il est devenu de mode d'établir entre la politique de Charles X et celle du président de la république, entre le cabinet de Polignac et le cabinet de Broglie des analogies pleines de sous-entendus et de menaces. Nous avons vu des hommes qui n'ont jamais pris la peine d'étudier l'histoire contemporaine, si ce n'est dans les journaux, comparer les hommes d'état actuels aux hommes d'état anciens, 1877 à 1830, les menées du parti de la cour de Charles X aux influences politiques qui ont récemment prévalu, s'appuyer sur cette trop facile comparaison pour provoquer avec une vivacité dépourvue de patriotisme les défiances de l'étranger contre le gouvernement actuel de la France, et pour lui prédire, alors qu'il tient son pouvoir de la Constitution et qu'il n'a pas cessé de l'exercer légalement, les mêmes catastrophes qu'au gouvernement de Charles X. Eh bien, il n'est pas nécessaire d'être l'apologiste ou le défenseur de la politique du 16 mai, pour déclarer que ces ressemblances invoquées avec colère n'existent pas. Il suffit pour cela d'un peu de justice et de bonne foi ; il suffit d'être dégagé de toute passion et de tout parti pris, pour reconnaître qu'entre la situation de 1830 et celle de 1877 les différences sont absolues, éclatantes et profondes. On n'attend pas de nous que nous fassions ici la preuve de cette assertion. L'histoire s'abaisse quand elle descend aux procédés de la polémique, et ce livre n'ayant pas été écrit en vue des événemens actuels, son auteur entend se maintenir, alors même qu'il débarrasse son chemin d'une calomnie, au-dessus des passions et des partis, dans les régions sereines où l'histoire déroule ses splendeurs, et où s'élève l'édi-

fice de la gloire nationale. Nous supplions seulement
les hommes de bonne foi de lire ces pages avec
attention, de comparer le présent qui est sous leurs
yeux, au passé qu'elles racontent, et c'est leur raison
qui fera cette preuve. Les différences que des écrivains prévenus feignent de ne pas voir frapperont
leurs yeux, et quand on osera leur dire encore que
ce qui se poursuit aujourd'hui, c'est l'affaiblissement
de la Constitution et la destruction du gouvernement
qu'elle a fondé, ou que l'on conduit la France par
les mêmes chemins et au même but que le ministère
du 8 août, il leur suffira d'avoir lu l'histoire de la
conspiration de Charles X et de ses conseillers contre
la Charte, pour reconnaître l'inexactitude de cette accusation, pour reconnaître surtout que dans le ministère du 18 mai, on chercherait vainement M. de
Polignac ou M. de Peyronnet.

19 août 1877.

LE PROCÈS
DES MINISTRES

LIVRE PREMIER.

I.

Le 8 août 1829, le ministère dont M. de Martignac avait dirigé la politique libérale et tenu le drapeau dans les chambres fut contraint de se retirer devant les défiances injustes de Charles X et les intrigues coupables du parti de la cour, ayant pour chef le prince Jules de Polignac. Ce ministère occupait le pouvoir depuis dix-huit mois. Il s'était honoré par un louable et courageux effort pour assurer entre la France moderne et le principe de la légitimité la réconciliation tentée avec succès par Louis XVIII,

1

mais compromise par son successeur. Sa chute imméritée porta un coup funeste à la Restauration. La politique de M. de Polignac rendit ce coup irréparable,
en brisant le lien qui attachait la nation française à
la maison des Bourbons.

Le prince Jules de Polignac[1], alors âgé de qua-
rante-neuf ans, ami de Charles X, qui ne l'appelait
que « son cher Jules, » compagnon de son exil et de
ses malheurs, représentait aux yeux du pays les préjugés de l'émigration et les revendications de l'ancien régime contre l'œuvre mémorable de 1789. Il
portait un nom dont l'impopularité, attachée aux
infortunes de la famille royale, remontait aux plus
brillantes années du règne de Louis XVI, et s'était
perpétuée jusqu'au moment même où il devenait
ministre. On lui reprochait la part qu'il avait prise
à la conspiration de Georges. On se souvenait que,
lorsqu'en 1814 il était rentré en possession de ses
priviléges, il avait commencé par refuser à la Charte,
entachée, selon lui, de libéralisme et d'hérésie, le

1. Né à Versailles en 1780, mort à Saint-Germain en 1847; emmené
en 1789 en Angleterre par ses parens ; plus tard, aide de camp du
comte d'Artois, qui le prit en affection. Mêlé à la conspiration de
Georges et condamné à deux ans de prison, il s'évada en 1813.
L'année suivante, il pénétra des premiers dans Paris. Membre de
la chambre des pairs, il fut nommé en 1823 ambassadeur à Londres, et ne quitta ces fonctions qu'en 1829 pour devenir ministre.

serment que lui devaient les pairs du royaume, parmi lesquels il siégeait. On savait quels efforts il avait tentés depuis pour renverser le ministère de M. de Martignac et lui succéder. On n'ignorait pas que de Londres, où le retenaient ses fonctions d'ambassadeur de France, il n'avait exercé l'influence que lui assuraient sur l'esprit de Charles X le souvenir de ses services et son attachement aux Bourbons, maintes fois affirmé au péril de ses jours, que pour pousser le roi à une politique de réaction. On l'accusait enfin de nourrir avec des passions antilibérales des ambitions désordonnées; de symboliser dans son aristocratique personne cette politique fatale à la royauté, qui depuis quinze ans avait jeté hors du pouvoir les hommes les mieux intentionnés, les royalistes les plus sages, les libéraux les plus sincères, et de ne poursuivre, en leur succédant, d'autre but que l'exécution d'un coup d'état, qui ferait de la Charte, œuvre loyale de Louis XVIII et objet de l'animadversion de Charles X, un instrument de despotisme aux mains des créatures du roi.

Il y avait sans doute quelque injustice à formuler avec tant d'emportement contre le nouveau ministère des griefs et des accusations aussi graves avant même qu'il eût manifesté les opinions qu'il entendait faire prévaloir dans la pratique du gouvernement. Malheureusement, les tendances trop connues du monarque, auxquelles M. de Martignac venait d'être sacrifié, le caractère des collaborateurs nouveaux qu'il associait à sa fortune, justifiaient ces accusations et ces griefs, et faisaient légitimement craindre qu'il n'eût résolu de déclarer la guerre aux idées libérales dans lesquelles il se refusait à chercher une force et qui n'apparaissaient à son esprit incapable de les comprendre qu'à travers les plus sanglans souvenirs de la terreur. « Je ne veux pas monter en charrette comme mon frère! » avait-il coutume de répondre à ceux qui le poussaient aux concessions. Plus il vieillissait et plus la crainte qu'exprimaient ces paroles semblait devenir la seule inspiration de sa politique et l'unique mobile de ses résistances.

Afin de flatter ces dangereuses préoccupations, M. de Polignac s'était donné des collègues qu'il supposait, — il les connaissait à peine, — semblables à lui, et dont deux au moins, M. de La Bourdonnaye et le général de Bourmont, étaient aussi impopulaires que lui. A soixante-deux ans, après une carrière parlementaire aussi excentrique que turbulente, fâcheusement illustrée par les votes les plus violens et les plus contradictoires, M. de La Bourdonnaye[1], non corrigé de ses défauts, non repentant de ses erreurs, plus acharné que jamais à détruire toute liberté, symbolisait aux yeux du pays cette chambre de 1815 dont il représentait les passions les plus odieuses et les folles ardeurs de l'extrême droite, auxquelles l'accentuation de ses propres violences avait plus d'une fois puissamment contribué à donner un caractère jacobin. Plus jeune que lui de quelques années, tour à tour chouan et bonapartiste, soldat de l'empire qu'on l'accusait d'avoir trahi, et soldat de la royauté pour laquelle il ne pouvait être une force, le général de Bourmont[2] rappelait les malheurs de la patrie pen-

1. Né à Angers en 1767, mort au château de Mésangeau (Maine-et-Loire) en 1839. Émigré, officier à l'armée de Condé, siégea dans la chambre des députés de 1815 à 1830 et fut un des membres les plus violens de l'extrême droite.

2. Né en 1773, au château de Bourmont (Maine-et-Loire), mort en 1846. Officier aux gardes françaises à l'âge de seize ans, puis émigré, aide de camp du prince de Condé, commanda des bandes vendéennes, se rallia en 1808 à l'empire, servit avec distinction dans l'armée, et, après la défense de Nogent en 1814, fut nommé général de division. Après le retour de l'île d'Elbe, il accepta de Napoléon un commandement, qu'il abandonna trois jours avant la bataille de Waterloo, pour se rallier à Louis XVIII. En 1830, il prit, comme ministre de la guerre, le commandement de l'expédition d'Alger et fut fait maréchal de France après la prise de cette ville. Après 1830, il quitta la France, n'y rentra qu'en 1832 pour tenter de soulever la Vendée et seconder la duchesse de Berry. Il alla combattre ensuite en Portugal pour don Miguel, mais sans

dant les cent-jours, dans ce qu'ils avaient eu de plus douloureux pour l'orgueil national et de plus fatal. Telles étaient les personnalités dirigeantes du nouveau cabinet, celles qui lui donnaient sa signification précise et à côté desquelles ses autres membres, M. de Courvoisier[1] et M. de Chabrol[2], qu'on savait résolus à ne s'associer à aucune mesure contre le régime légal, M. de Montbel[3] et M. d'Haussez[4], que le public connaissait à peine, ne devaient tenir qu'un rôle de second plan.

Quand on se reporte à ces temps agités et lointains qui ont continué jusqu'à nous la formidable crise politique et sociale ouverte au siècle dernier, on est tenu de reconnaître que les gouvernemens subissent comme les peuples la folie et l'aveuglement. Le 8 août 1829, le chevaleresque mais imprévoyant Charles X, en appelant au pouvoir des hommes passionnément dévoués à sa couronne, y mit du même

plus de succès, et rentra ensuite en France, où il vécut oublié jusqu'à sa mort.

1. Né en 1775, à Besançon, mort à Lyon, en 1835.

2. Né en 1771 originaire d'Auvergne, mort en 1850.

3. Né à Toulouse en 1787, mort en 1861, à Frohsdorf.

4. Né à Neufchatel (Seine-Inférieure) en 1778, mort au château de Saint-Saëns en 1854, avait été préfet du Gard, des Landes, de l'Isère et de la Gironde avant de devenir ministre. Député de la Seine-Inférieure jusqu'en 1830.

coup, dans leur personne, les moins capables de la défendre, non-seulement parce que dans une situation où le génie d'un Sully ou d'un Richelieu eût été nécessaire, l'art de gouverner leur faisait défaut, mais encore parce que leur nom, leur passé, leur parti, inspiraient à la France une invincible horreur. Leur avénement fut considéré comme un malheur public par les amis dévoués et sincères de la dynastie. Ses ennemis furent seuls à se réjouir. Ils se préparèrent à bénéficier de la faute irréparable qui venait d'être commise, et tandis que M. de Polignac recueillait au ministère des affaires étrangères, poste qu'il avait toujours ardemment souhaité, la succession de M. de La Ferronnays, son ami[1], tandis qu'il recevait des mains loyales de M. de Martignac la direction du pouvoir comme chef et organisateur du cabinet qui a conservé son nom et dont il devint le président effectif quelques mois plus tard, de toutes parts s'élevait un cri d'indignation, de haine et d'alarme.

Une explosion de reproches et d'accusations, basée sur les antécédens des nouveaux ministres, trouva

1. Né en 1777, mort en 1842. Une des personnalités es plus sympathiques de la Restauration, sur laquelle nous devons M. Rio des détails attachans dans un livre intitulé : *Épilogue à l'art chrétien.*

des échos d'un bout de la France à l'autre. Les accens âpres, incisifs, éloquens du *Journal des Débats* traduisirent ces sentimens dans deux articles dont une phrase a mérité, par l'énergie de sa concision, de rester attachée à l'histoire des faits qu'elle jugeait avec une implacable équité : « Coblentz ! Waterloo ! 1815 ! voilà les trois principes de ce ministère. Pressez-le ! Tordez-le ! Il ne dégoutte qu'humiliations, malheurs et dangers. »

M. Royer-Collard[1] s'écria : « Charles X est donc toujours le comte d'Artois ! » La duchesse d'Angoulême elle-même fit entendre cette parole prophétique : « Ceci est une entreprise et je ne les aime pas. Elles ne nous ont jamais porté bonheur. »

L'amiral de Rigny[2], brillant marin, neveu du baron Louis[3], désigné d'abord comme titulaire du porte-

1. Né à Sompuis (Marne) en 1763, mort à Châteauvieux en 1845 ; membre du conseil des cinq-cents, d'où il fut expulsé au 18 fructidor ; professeur à la Faculté des lettres de Paris ; député de la Marne de 1815 à sa mort ; conseiller d'état, directeur de la librairie. Le moment de sa plus grande popularité fut l'année 1828. Sept colléges l'avaient élu député ; la chambre le désigna pour la présidence et l'Académie française lui ouvrit ses rangs. Il ne voulut jamais accepter le pouvoir ; il se connaissait bien et se sentait avec raison plus propre aux conseils qu'à l'action.

2. Né à Toul en 1783, mort en 1835 avec le grade de vice-amiral, après avoir été successivement ministre de la marine, ministre des affaires étrangères et ambassadeur à Naples.

3. Né à Toul en 1755, mort en 1837. Il avait été dans les ordres.

feuille de la marine, refusa de faire partie du cabinet dont le général de Bourmont était membre. On dut appeler pour le remplacer le baron d'Haussez, préfet de la Gironde. Il fallut les supplications du roi, presqu'un ordre pour obliger M. de Chabrol à accepter les finances. Enfin, M. de Chateaubriand, ambassadeur de France à Rome, donna sa démission et nulle instance ne put le décider à la retirer. Le préfet de police, des membres du conseil d'état, d'autres fonctionnaires, l'imitèrent. C'est sous ces tristes auspices que le ministère Polignac prit possession du pouvoir. A dater de ce jour, les périls éclatèrent pressés et menaçans. Les hommes les plus modérés, M. Royer-Collard en tête, passèrent à l'opposition et ceux qui s'étaient, dans le ministère précédent, rapprochés du gouvernement, à l'exemple de M. Casimir Perier[1], s'en éloignèrent, irrités et déçus.

L'Empire le fit administrateur du trésor et conseiller d'état, la Restauration, ministre des finances. En 1832, en quittant ce ministère qu'il occupait pour la troisième fois, il fut nommé pair de France. Il était d'allures peu engageantes et d'une franchise qui allait à la brutalité. C'est lui qui répondait à des solliciteurs : « Que me voulez-vous? Vos conseils? je n'en ai que faire; des dénonciations? je ne les écoute pas; des places? je n'en ai qu'une à votre service, c'est la mienne; prenez-la si vous la voulez. » C'est également lui qui disait souvent ces mots célèbres depuis : « Faites-moi de la bonne politique, je vous ferai de bonnes finances. »

1. Né à Grenoble en 1777, mort à Paris en 1832. Officier du

Jamais la Restauration n'avait traversé une crise plus redoutable, des dangers plus imminens. Ils naquirent de la légitime exaspération des partis, des revendications de la presse, de l'action surexcitée des sociétés secrètes. Toutes les haines accumulées depuis quinze ans contre la monarchie, toutes les rancunes contenues se réveillèrent. Sur le nom détesté de M. de Polignac, s'engagea une guerre violente, furieuse, sans merci, qui, provoquée par sa présence aux affaires, passait par-dessus sa tête, pour aller saper et ébranler le trône. Le mot d'ordre était : « Renvoi du ministère ou guerre implacable ! » L'ardeur avec laquelle ce mot d'ordre était colporté par toute la France ne permettait pas d'espérer que le cabinet trouverait dans les chambres une majorité pour gouverner avec elle. Il est vrai que c'était là le moindre souci de M. de Polignac. Il songeait déjà, il n'avait jamais cessé de songer au coup d'état, encore qu'il résistât ouvertement à M. de La Bourdonnaye qui le désirait immédiat. « Une majorité ! s'écriait-il. Je n'en veux pas. J'en serais trop embarrassé. Je ne saurais qu'en faire ! »

génie d'abord, banquier ensuite, il fut élu député en 1817 et siégea sans interruption dans les chambres jusqu'au moment de sa mort. Il y fut président après 1830, et ne descendit du fauteuil que pour devenir ministre de l'intérieur.

Cette année fut véritablement une année fatale.
Rien ne réussissait au ministère. L'expédition d'Alger elle-même, au moment de devenir pour la Restauration un titre de gloire impérissable, fut impuis-
sante à arrêter les ardeurs de cette Fronde nouvelle,
ni ce mouvement désastreux qui détachait d'heure
en heure de la dynastie ceux qui s'étaient dévoués
pour elle et qui, loin de vouloir sa chute, avaient
longtemps rêvé d'en faire l'inébranlable fondement
d'un régime d'ordre et de liberté.

Un incident singulier autant que dramatique acheva
d'ameuter contre elle les colères des partis. Des incendies, que leur nombre et les circonstances dans lesquelles ils se produisirent ne pouvaient faire attribuer qu'à une malveillance inspirée par les plus
détestables calculs, éclatèrent en Normandie au commencement de 1830. Du 18 février au 7 juillet, on
n'en compta pas moins de cent soixante-dix-huit
dans les trois départemens du Calvados, de la
Manche et de l'Orne, formant le ressort de la cour
de Caen[1]. Des mains inconnues lançaient des fusées
sur les chaumes des habitations, dans les granges,
sur les meules de paille éparses dans les champs. Les

1. Archives nationales.

poursuites exercées par la justice furent vaines. Elle ne put découvrir les criminels ni mettre un empêchement aux crimes. On eût dit qu'une haute et mystérieuse complicité couvrait les coupables. Les populations exaspérées s'armèrent afin de courir sus aux incendiaires. Elles ne parvinrent pas à les atteindre. Quelques vagabonds qu'on arrêta n'étaient évidemment que des instrumens dociles à des ordres venus d'ailleurs et dont ils refusèrent de nommer les auteurs. Pour mettre un terme à cette machination, dont le secret n'est pas encore révélé aujourd'hui, il ne fallut rien moins que l'envoi de deux régimens de la garde royale dans les contrées que les incendiaires avaient choisies comme théâtre de leurs sinistres exploits.

L'impopularité du cabinet était telle que la sincérité de ses efforts pour arrêter le fléau ne rencontra que des incrédules et que l'opinion l'accusa de l'avoir propagé lui-même, afin de justifier par avance les mesures de réaction dont on lui attribuait le dessein. Les incendies de Normandie devinrent aux mains des ennemis du gouvernement un grief aussi grave qu'immérité, assez grave pour que plus tard les commissaires de la chambre des députés aient pu le relever contre les ministres traduits à la barre de la cour des

pairs, et qui, disons-le dès à présent, à leur honneur, purent du moins sur ce point protester victorieusement d'une innocence que les documens déposés aux archives de France ont démontrée depuis.

II.

Nous esquissons à grands traits la physionomie de ces heures troublées, prologue du drame solennel qui les couronna, et nous n'insisterons pas autrement sur les difficultés qui se dressaient de toutes parts devant le ministère Polignac, provoquées en quelque sorte par lui, sur les incidens de tous les jours, les troubles qui éclataient par toute la France, les acquittemens des journaux qu'il déférait à la justice, les nominations maladroites, les actes imprudens, les mille symptômes qui trahissaient son incapacité, ses préoccupations et son impopularité. Ce que nous avons dit suffit à démontrer combien faible, précaire, menacée, était sa situation quelques mois après son avénement. C'était, qu'on nous passe le mot, une situation de guerre.

Elle s'aggravait encore des dissentimens qui régnaient dans le conseil. A peine en présence au

pouvoir, M. de Polignac et M. de La Bourdonnaye
s'étaient divisés sur tous les points graves de la politique. M. de Polignac croyait à l'influence du clergé;
M. de La Bourdonnaye ne croyait, disait-il, qu'à l'influence des gendarmes. Il voulait des mesures énergiques, rapides, violentes. Son collègue estimait
qu'il y fallait le temps et beaucoup de prudence. Ils
tendaient au même but, mais ils différaient sur les
moyens à employer pour l'atteindre. Ils souhaitaient
l'un et l'autre la présidence du conseil et en l'attendant, ils se disputaient l'influence sur leurs collègues.
M. de La Bourdonnaye se plaignait d'être entouré
« d'imbéciles qui ne savaient pas prendre un parti. »
M. de Polignac avouait au roi que le ministre de
l'intérieur était « insociable. » Un jour vint où
Charles X dut choisir entre l'un et l'autre. Il n'avait
fait entrer M. de La Bourdonnaye dans le ministère
que pour « essayer ces gens qui se plaignent toujours. » Il décida donc que l'autorité de M. de Polignac devait prévaloir et annonça son dessein de le
nommer président du conseil. Ce fut le signal de la
retraite de M. de La Bourdonnaye. Il abandonna le
ministère en déclarant que « lorsqu'il jouait sa tête,
il aimait à tenir les cartes. » Il les avait tenues trois
mois et s'en fit dédommager en réclamant la pairie

et une pension de 12,000 francs. Charles X lui accorda l'une et l'autre. M. de Montbel, ministre de l'instruction publique et des cultes, le remplaça au ministère de l'intérieur, et eut lui-même pour successeur M. de Guernon-Ranville, procureur-général à Lyon [1]. Ce ne fut pas la seule modification que subit le ministère. Un peu plus tard, et quand M. de Polignac s'engagea plus à fond dans la lutte contre l'opinion et contre la Charte, MM. de Chabrol et de Courvoisier refusèrent de le suivre. Ils se retirèrent en cédant la place à MM. de Peyronnet et de Chantelauze.

Cependant les chambres s'étaient réunies le 2 mars. On attendait le ministère à cette épreuve décisive. Le discours du roi devait en effet exposer la conduite que M. de Polignac comptait tenir et dont il n'avait pas encore fait connaître le programme officiel. Charles X parla et tint le langage le moins conduite et le plus imprudent. A ses discours, la chambre des députés riposta de deux manières également éclatantes et fermes, d'abord en accordant dès le lendemain ses suffrages pour la présidence à M. Royer-

---

1. Né à Ranville (Calvados) en 1787, mort en 1866. Il a laissé des mémoires sur son ministère et sur le procès de 1830, dans lesquels nous avons puisé d'intéressans détails.

Collard dont on connaissait les sentimens hostiles au ministère, ensuite en refusant, dans une déclaration célèbre, son concours au ministère, en posant résolûment la prérogative parlementaire en face de la prérogative royale.

Le 16 mars, l'adresse qui contenait cette déclaration fut votée par 221 voix contre 181. Le ministère était vaincu. Cependant il ne se retira pas, considérant le langage de la chambre des députés, non comme le libre exercice des droits du parlement, mais comme une violation du droit réservé au roi par la Charte de choisir ses ministres, et comme un outrage à la couronne. Dans le conseil qui suivit ce vote, le roi exprima l'avis que la chambre avait manqué à ses devoirs et que, dans sa pensée, il y avait lieu de prononcer sa dissolution. A l'exception de M. de Guernon-Ranville, tous les ministres parlèrent dans le même sens ou s'abstinrent de contredire le roi. M. de Guernon-Ranville émit l'opinion que la dissolution transformerait le caractère de la lutte qui s'était engagée entre la chambre et le ministère et ferait entrer dans cette lutte la couronne elle-même, en l'exposant à tous les périls d'un échec devant les électeurs; qu'en conséquence, il fallait tenter la session avec la chambre, en fermant les

yeux sur les termes de l'adresse et en ne présentant
que des lois indispensables. On gagnerait ainsi une
année et on obligerait la chambre ou à faire sa soumission ou à accentuer sa révolte par le refus de
voter les impôts, ce qui justifierait alors les mesures
rigoureuses que le roi croirait devoir prendre. Les
conseils, d'ailleurs [insuffisans, de M. de Guernon-
Ranville ne furent pas entendus, et personne parmi
ses collègues n'eut le désintéressement ou la sagesse
d'avouer que la retraite du ministère pouvait seule
écarter les périls que l'on cherchait à combattre.

Le 18 mars, Charles X, entouré de ses ministres,
des grands dignitaires et d'un cortége brillant et
nombreux, reçut aux Tuileries la commission de la
chambre des députés, chargée de lui présenter
l'adresse. M. Royer-Collard en donna lecture. Le roi
écouta froidement, puis il dit : « J'avais le droit de
compter sur le concours des deux chambres pour
accomplir le bien que je méditais. Mon cœur s'afflige
de voir les députés des départemens déclarer que,
de leur part, ce concours n'existe pas. Messieurs,
j'ai annoncé mes résolutions dans mon discours
d'ouverture de la session. Ces résolutions sont immuables. L'intérêt de mon peuple me défend de
m'en écarter. Nos ministres vous feront connaître

nos intentions. » Ce discours s'acheva dans un silence glacial. M. de Polignac était radieux. Il triomphait. « La chambre est condamnée, » dit M. Royer-Collard à ses collègues, en descendant l'escalier des Tuileries. Le lendemain, en effet, il recevait ampliation de l'ordonnance qui ajournait la session au 1er septembre. Cet ajournement équivalait à une dissolution et ne la précédait que de quelques semaines. Personne ne s'y trompa. Selon le mot du président, il n'y avait plus de chambre.

Pour la première fois depuis le commencement de son règne, Charles X manifestait une volonté énergique et prenait ouvertement parti pour ses ministres contre le pays, sans comprendre qu'il attirait sur lui, par cette imprudente provocation, l'impopularité sous le fardeau de laquelle ils étaient condamnés à périr. Tous les hommes que n'aveuglait pas la passion ou l'ambition déplorèrent cette politique fatale, qui livrait l'avenir à d'inévitables et périlleux conflits.

A l'exception de M. de Polignac, les ministres qui l'appliquaient en étaient également alarmés. Seul, le président du conseil conservait, au milieu des appréhensions de tous, une imperturbable quiétude dont il se plaisait à faire parade dans ses entretiens avec les personnages qui venaient le voir. Parlant à l'un d'eux des 221 votans de l'adresse, il disait avec assurance : « Ils n'oseront rien, ils ne feront rien, tout se passera en vains propos ; il n'y a qu'une ébullition à la surface : en soufflant dessus, tout disparaîtra. »

Il appelait ébullition de surface la violente émotion qui s'emparait peu à peu de la France, l'accueil triomphal que, dans tous les départemens, on faisait aux députés dont le vote avait été hostile au cabinet, les banquets qu'à Paris on donnait en leur honneur, l'attitude de la presse et le formidable mouvement de l'opinion s'exprimant sous toutes les formes en son pouvoir. Ces funestes symptômes, précurseurs d'une révolution, ne le touchaient pas, n'ébranlaient pas cette confiance dans sa sagesse et son habileté, qu'il était parvenu à faire partager au roi, et cet aveugle entêtement, qui faisait dire à un Anglais, de passage à Paris : « On dit que Polignac a la fatale obstination des martyrs, genre de courage le plus dangereux de tous. »

Cependant, les avertissemens ne lui manquaient pas ; ils lui venaient de divers côtés. Un jour, M. de Talleyrand, auquel il annonçait la prorogation de la chambre, lui répondait : « Ah ! vous prorogez ! alors je vais acheter une propriété en Suisse! » Un autre jour, il recevait de M. de La Ferronnays, son prédécesseur au ministère des affaires étrangères, devenu ambassadeur de France à Rome, une lettre qui se terminait comme suit : « Adieu, cher Jules; quand tu recevras cette lettre, tu seras au milieu de grands embarras. Puisse le ciel te bien inspirer, et le résultat justifier tes mesures et réaliser tes espérances. J'avoue, mon ami, que je ne les partage pas, et je trouve dans les craintes que me fait concevoir notre avenir un motif de plus pour désirer avec ardeur que tu ne te trompes ni sur tes forces, ni sur tes moyens, et que tu sortes heureux et triomphant du grand et dangereux combat que tu as cru devoir engager [1]. » Mais que pouvaient ces conseils sur un esprit profondément pénétré de sa supériorité, nous allions dire de son infaillibilité, qui se sentait fort de l'appui du roi et qui croyait voir dans ses rêves la sainte Vierge descendre vers lui et lui promettre assistance, en lui enjoignant de persévérer dans ses desseins?

Les objections mêmes qu'y faisaient ses collègues le touchaient peu. Il assistait à leurs délibérations, souriant, un peu dédaigneux, exprimant par son

1. Archives nationales.

attitude qu'il ne partageait ni leurs inquiétudes, ni leurs scrupules, et qu'il attendait tout, non des mesures qu'ils proposaient, mais de la force surnaturelle qui l'inspirait. Il ne semblait s'arracher à ses rêveries que pour s'occuper de l'expédition d'Alger, alors en préparation, et tenir tête à l'Angleterre, qui s'efforçait de l'entraver. L'attitude du prince de Polignac vis-à-vis du cabinet de Saint-James est le seul trait de sa carrière politique qui puisse lui être compté comme un titre d'honneur.

III.

La chambre prorogée, les ministres s'occupèrent, sous la présidence du roi, d'arrêter la conduite qu'ils devaient tenir. M. d'Haussez, ministre de la marine, et M. de Guernon-Ranville, ministre de l'instruction publique, étaient hostiles au projet de dissolution. Le premier pensait qu'il n'était pas impossible de constituer une majorité dans la chambre des députés. Pour former cette majorité, il suffisait de déplacer 25 voix. D'après lui, ce déplacement n'était qu'une affaire de places et d'argent. « En dépensant 3 millions et en distribuant habilement quelques emplois, disait-il, nous pouvons acheter 40 voix. Nous connaissions, a-t-il écrit plus tard, le tarif des consciences ; il n'était pas très élevé. » Cette proposition fut repoussée par le roi comme immorale. M. d'Haussez n'insista pas ; mais il réclama des mesures de sûreté. Il entendait par là l'élimination de tous les fonctionnaires dont le dévoûment était douteux et la formation d'un camp sous Paris. On lui donna satisfaction, en destituant M. Calmon, directeur-général des domaines, et six préfets considérés comme ennemis, et à ce prix on le rangea au parti de la dissolution. M. de Guernon-Ranville persista à s'y opposer. Ne songeant qu'au péril qui résulterait pour la couronne, devenue solidaire des résolutions du cabinet, de l'élection d'une chambre nouvelle, si le gouvernement s'y trouvait en minorité, il aurait voulu qu'on tentât de vivre encore avec la chambre actuelle. Mais il ne put rallier ses collègues à son opinion. Il se laissa entraîner par leur conviction, et la dissolution fut résolue.

Toutefois, il ne suffisait pas de l'avoir résolue ; il fallait encore examiner les deux hypothèses qu'elle soulevait et arrêter le plan qu'on suivrait dans l'une et dans l'autre. Ou la chambre nouvelle offrirait une majorité au gouvernement ou elle serait plus hostile que celle qu'on allait dissoudre. Le conseil décida que, dans le premier cas, le gouvernement proposerait diverses modifications à la loi électorale et une loi rigoureuse contre la presse. Quant au second cas, la majorité du conseil ne le considérant pas comme possible, on ne jugea pas utile de s'en occuper. « Le roi avisera, » se contenta de dire M. de Polignac, les yeux fixés sur l'article 14 de la Charte. C'est avec cette légèreté et cette absence de plan qui livraient la monarchie à tous les périls de l'imprévu que le ministère engageait contre le pays cette grave partie dont le trône allait devenir l'enjeu.

Tous les membres du cabinet ne partageaient pas au même degré la confiance du prince de Polignac. MM. de Chabrol, de Courvoisier et de Guernon-Ranville exprimaient l'opinion que le ministère n'était pas à la hauteur de sa tâche : « Nous ne sommes point en force pour soutenir la lutte de tribune qui va bientôt se rouvrir, écrivait ce dernier. Des influences en dehors du conseil nous poussent vers de mauvaises voies; enfin, il n'y a dans notre marche ni ensemble ni fermeté. Nous avançons sur une ligne indécise, sans plan, sans système arrêté; nous vivons au jour le jour, dans une confiance aveugle, tandis que l'orage se forme et nous menace de toutes parts. » La nécessité d'une modification ministérielle commençait donc à s'imposer.

Une circonstance particulière fit croire un moment que cette modification serait immédiate. Il y avait alors un homme qu'un long séjour aux affaires, les ta'ens par lesquels il s'y était révélé, la confiance

dont le roi l'honorait semblaient désigner pour diriger heureusement la monarchie à travers les périls
qui se pressaient autour d'elle. C'était M. de Villèle [1]. Après s'être tenu longtemps éloigné de Paris,
il venait d'y rentrer au lendemain de la prorogation
de la chambre, et presque aussitôt, la plupart des
amis éclairés de la royauté, des membres du centre
droit et du centre gauche, les mêmes qui jadis
l'avaient renversé, oubliant les griefs du passé,
oubliant même son attitude malveillante envers l'administration de M. de Martignac, ne se souvenant
que de ses services et de son habileté, s'étaient
hâtés de se réunir autour de lui, en le déclarant
seul capable de dénouer sans conflit la crise provoquée par M. de Polignac. L'accueil que lui fit le roi
permit de croire que sa rentrée au pouvoir était
arrêtée dans la pensée de Charles X. Mais on se

---

1. Né à Toulouse en 1773, mort en 1854. Maire de sa ville natale
et député en 1815; ministre sans portefeuille pendant les six premiers mois de 1821; ministre des finances à la fin de cette même
année. Son avénement à la direction des affaires marqua le triomphe
de la politique de droite et la défaite de la politique du centre, irréparablement atteinte par une coalition dans la personne du duc de
Richelieu et du comte de Serre. Au mois de septembre 1822, il
devint président du conseil et conserva le pouvoir jusqu'en 1828. Il
a laissé d'importantes notes politiques qui ont été publiées pour la
première fois dans l'*Histoire de la Restauration* de M. Alfred Nettement.

trompait. La bienveillance dont M. de Villèle fut l'objet cachait le dessein formel de ne pas utiliser ses services. M. de Polignac le redoutait. Il ne voulait pas abandonner le gouvernement. Il comprenait qu'un homme de la valeur de M. de Villèle aurait bientôt réduit à rien son rôle et annihilé son influence sur le roi, et il avait jeté dans l'esprit de ce dernier les préventions les mieux faites pour écarter du ministère ce terrible rival. On peut résumer cet incident en affirmant qu'à cette heure, la monarchie menacée toucha le salut. M. de Villèle blâmait énergiquement la politique de M. de Polignac, et s'il était devenu ministre, en aurait arrêté sur-le-champ le funeste développement. Cette majorité parlementaire dont M. de Polignac entendait se passer et que l'un de ses collègues voulait former, même à prix d'argent, M. de Villèle l'eût apportée au gouvernement. Sur le bruit de sa rentrée, elle était venue s'offrir à lui avec une unanimité rassurante pour l'avenir. Une fois de plus, l'influence de M. de Polignac fut fatale à la maison des Bourbons, et tandis qu'il croyait se consolider au ministère en écartant M. de Villèle, auquel il n'offrit un portefeuille que par politesse et pour la forme, dans des conditions inacceptables, il assurait sans le vouloir, avec les meilleures intentions, la chute de la monarchie, à brève échéance. La candidature avortée de M. de Villèle fut le dernier effort de l'opposition constitutionnelle. Il repartit peu de jours après pour sa terre de Morville, en disant : « La monarchie m'a fait l'effet d'une place minée et contre-minée dans tous les sens, que la moindre étincelle peut faire sauter. »

Un mois environ s'écoula qui fut entièrement consacré aux derniers préparatifs de l'expédition d'Alger, et qui ne fit qu'accentuer l'impopularité du cabinet et ses dissentimens en ce qui touchait la politique intérieure. Ces dissentimens éclataient dans le conseil toutes les fois que le projet de la dissolution était soumis à son examen. Quelques-uns des ministres persistaient à adjurer M. de Polignac de faire connaître quel plan il tenait en réserve pour ressaisir la situation et en rester maître, si la nouvelle chambre était hostile. Mais il ne répondait pas ou répondait évasivement, laissant toujours entrevoir le dessein de recourir à l'article 14 de la Charte. Néanmoins quand les ministres eurent pris connaissance des rapports des préfets, presque tous favorables à des élections, les partisans de la dissolution l'emportèrent. Ce fut le signal de la retraite de MM. de Courvoisier et de Chabrol, qui n'avaient cessé de déclarer qu'ils ne s'associeraient pas à une politique de coup d'état. Le roi fit alors appel à MM. de Peyronnet[1] et de Chantelauze[2] que depuis longtemps il tenait en réserve pour cette éventualité.

M. de Peyronnet devenait ministre pour la seconde fois, ayant fait partie du cabinet Villèle dont il avait partagé la fortune jusqu'au bout. Nature ardente et passionnée, avec des dehors de misanthrope, plein de confiance en lui-même, au même degré que M. de Polignac, dévoué au roi comme un fidèle serviteur, dogmatique et vaniteux, autoritaire à l'excès, M. de Peyronnet, en dépit de sa scrupuleuse honnêteté, a mérité d'être jugé sans bienveillance. Un de ses collègues, M. d'Haussez, a écrit : « Il avait un ton tranchant et affirmatif qui semblait repousser toutes les assertions qui ne venaient pas de lui, et il avait été sans doute deviné par l'auteur des *Lettres persanes* lorsqu'il disait de deux pédans : la conversation de l'un se résumait à ceci : « Ce que je dis est vrai, parce que je l'ai dit; » celle de l'autre : « Ce que l'on dit n'est pas vrai, parce que je ne l'ai pas vu ou entendu. » Le roi jugeait autrement M. de Peyronnet : « C'est l'homme qui peut le mieux réussir dans

1. Né à Bordeaux en 1778, mort à Montferrand en 1854.
2. Né à Montbrison en 1787, mort en 1859.

les élections, disait-il; il donnera un coup de fouet à l'opinion. »

Le roi se trompait. M. de Peyronnet n'avait pas bénéficié de la réaction qui s'était opérée peu à peu en faveur de M. de Villèle. Le souvenir des lois déplorables auxquelles il avait attaché son nom, par la violence qu'il mit à les défendre après les avoir présentées, demeurait vivant dans toutes les mémoires et maintenait son impopularité, qui devait fatalement accroître celle du cabinet dans lequel il entrait comme ministre de l'intérieur. Quand on vit M. de Polignac s'associer un tel collaborateur, il n'y eut plus de doute sur ses intentions. Il poursuivait la dissolution; il entendait épuiser jusqu'au bout les conséquences de son système. Ce trait mit le comble à l'animosité des partis et détacha de la cause royale des hommes qui déploraient la faiblesse et l'aveuglement de Charles X, sans cesser d'espérer cependant qu'il se séparerait à temps du prince de Polignac. Mais telles n'étaient point les dispositions du roi, qui s'écriait : « Ce qui a toujours manqué, c'est l'audace de planter son drapeau; eh bien! le nom seul de M. de Peyronnet est un drapeau que j'élève. »

La nomination de M. de Chantelauze comme garde des sceaux, en remplacement de M. de Courvoisier,

ne souleva pas les mêmes ressentimens. Premier président de la cour de Grenoble, M. de Chantelauze,
magistrat éminent, était peu connu comme personnage politique. Il avait résisté pendant plusieurs
mois aux obsessions du roi, qui le souhaitait comme
ministre à la recommandation du dauphin. Enfin, ce
dernier, revenant de Toulon, passa par Grenoble et
arracha à M. de Chantelauze un consentement qui
ne fut donné qu'à contre-cœur. « Regarde-moi comme
une victime à immoler et plains-moi, écrivait-il à
son frère. Je cède à des ordres qui ne permettent que
l'obéissance. » Et ailleurs il ajoutait : « Je vais jouer
ma tête pour une haute fortune! » Comment n'être
pas touché de ces efforts pour échapper à un périlleux honneur et de cette résignation à subir par
dévoûment au roi une catastrophe certaine?

M. de Montbel fut victime d'un dévoûment analogue. Après avoir cédé le ministère de l'intérieur à
M. de Peyronnet, il s'était retiré et se croyait libre.
Mais le roi le contraignit à accepter le portefeuille
des finances, et ses efforts pour échapper à cette
douloureuse obligation furent vains. Afin de couronner
ces modifications, on détacha du ministère de l'intérieur la section des travaux publics qui, réunie à
la direction générale des ponts et chaussées, forma un

ministère nouveau, le ministère des travaux publics, à la tête duquel on appela le baron Capelle [1], préfet de Versailles, ancien secrétaire-général de l'intérieur.

Les changemens qui viennent d'être indiqués avaient été arrêtés en principe par le cabinet tout entier. Mais quand vint l'heure de les exécuter, M. de Polignac jugea bon de n'en pas entretenir de nouveau ses collègues. Tout fut combiné entre le roi, le président du conseil et les intéressés, à l'exclusion des ministres qui conservaient leurs portefeuilles. Le maintien de M. de Guernon-Ranville dans le cabinet ne fut dû qu'à son ignorance de l'événement. Il n'attendait rien de bon de la marche de M. de Polignac et avait exprimé plusieurs fois le désir de se retirer. Le 19 mai, les ordonnances portant nomination des nouveaux ministres étant déjà signées à son insu, il reçut le matin la visite du président du conseil, qui lui dit d'un air dégagé :

« Eh bien! nous avons trois nouveaux collègues.

— Vous me soulagez d'un poids énorme, répondit-il, en prenant la main de M. de Polignac et se croyant remplacé par l'un des trois nouveaux, ce sera pour moi un heureux moment que celui où j'instal-

1. Né à Sales-Curan (Rouergue) en 1775, mort à Montpellier en 1843.

lerai mon successeur dans cet enfer qu'on appelle le
cabinet du ministre.

— Que voulez-vous dire? Mais vous nous restez! »
s'écria le président en exposant à son collègue la
nouvelle combinaison. Et comme ce dernier le suppliait de proposer au roi son remplacement immédiat : » C'est impossible, absolument impossible; le
roi ne veut plus entendre parler d'aucun changement, et certes vous ne voudrez pas donner votre
démission; une retraite volontaire dans les circonstances où nous nous trouvons paraîtrait si honteuse
que Montbel s'est résigné à prendre le ministère des
finances qu'il ne voulait pas d'abord et que Chabrol
a prié qu'on ne dît pas dans l'ordonnance qu'il a
donné sa démission, parce qu'en effet, il n'aurait pas
voulu la donner dans un tel moment; d'ailleurs je
suis sûr que le roi ne recevrait pas votre démission.

— Je resterai si le roi l'exige, répliqua M. de Guernon-Ranville; mais souvenez-vous que le ministère
que vous venez de former n'a pas pour trois mois
d'existence.

— Bah! bah! fit M. de Polignac, vous êtes l'homme
aux difficultés; vous verrez que nous marcherons à
merveille et que tout ira bien. »

Ainsi fut définitivement formé le ministère qui

devait détruire de ses mains la monarchie qu'il entendait défendre et sauver. Le 20 mai, le *Moniteur* publia les noms des nouveaux ministres. Dès ce moment, le cabinet fut ainsi composé : affaires étrangères et président du conseil, le prince de Polignac; justice, M. de Chantelauze; guerre, général de Bourmont; intérieur, le comte de Peyronnet; finances, le baron de Montbel; affaires ecclésiastiques et instruction publique, le comte de Guernon-Ranville; travaux publics, le baron Capelle.

Il convient d'ajouter que le général de Bourmont était alors en route pour Alger, à la tête de l'expédition, et ne devait prendre aucune part aux événemens qui suivirent. Trois jours avant la nomination des nouveaux ministres, l'organe officiel avait publié une ordonnance royale prononçant la dissolution de la chambre et convoquant les colléges électoraux : ceux d'arrondissemens et ceux des départemens n'ayant qu'un collége, pour le 23 juin 1830, et les colléges départementaux pour le 3 juillet. Les chambres étaient convoquées pour le 3 août suivant.

IV.

Ces graves mesures ne surprirent personne : on les attendait et l'opposition s'était préparée à y répondre, en défendant contre le ministère la Charte constitutionnelle menacée non par la dissolution, qui était après tout dans le droit de la prérogative royale, mais par les projets de coup d'état auxquels on savait le gouvernement résolu, en cas de défaite sur le terrain électoral. Partout, des commissions s'étaient formées pour propager et appuyer la candidature des 224. Des comités consultatifs les secondaient, renseignant les électeurs gratuitement. Le ton général de la presse manifestait une violence poussée jusqu'à son paroxysme. Le cabinet fut effrayé de ce mouvement, témoignage de l'irrésistible ardeur déchaînée contre ses doctrines. Sous le prétexte de faciliter aux électeurs les moyens de faire prévaloir leurs droits, mais, en réalité, afin de ne pas donner la priorité à des élections hostiles, il ajourna les opérations du scrutin aux 12 et 19 juillet, dans vingt départemens où le triomphe de l'opposition paraissait certain. Puis, il fit au dévoûment de tous les fonctionnaires un pressant et énergique appel; et enfin, quand les préfets consultés de nouveau, perdant peu à peu confiance, commencèrent à élever des doutes et à manifester des inquiétudes touchant le résultat définitif de la campagne, il demanda au roi d'intervenir de sa personne dans le conflit imprudemment engagé entre son gouvernement et la nation. Charles X eut la faiblesse d'y consentir et d'assumer une part de la responsabilité de ses ministres. Peu de jours avant les élections, une proclamation royale fut adressée aux électeurs. Le monarque y protestait à la fois de son ferme désir de respecter la Charte, et de sa non moins ferme volonté de défendre les droits sacrés de la couronne. Mais, personne ne voulant avouer que ces droits fussent menacés, l'effet de cette proclamation fut presque nul. Les partis étaient d'ailleurs à ce point surexcités que la nouvelle de la prise d'Alger, titre immortel de gloire pour la France et pour son armée, ne put les désarmer même un jour et que la solennité du *Te Deum* chanté à Notre-Dame, en présence de toute la cour, fut célébrée au milieu d'une indifférence presque générale, à la grande douleur du roi, attristé déjà par les premiers résultats des élections.

On les connut entiers et complets le 19 juillet. Les espérances de Charles X se trouvaient cruellement trompées; les actes de MM. de Polignac et de Peyronnet n'avaient abouti qu'à ménager à l'opposition un magnifique triomphe. Sur 428 députés élus, elle en avait à soi 270, parmi lesquels 202 faisaient partie des 221. Les amis du ministère n'étaient qu'au nombre de 145; on comptait 13 douteux. Le cabinet de M. de Polignac restait donc en minorité malgré ses efforts, certain d'être renversé dès la réunion des chambres, fixée, on s'en souvient, au 3 août.

A ce moment, cependant, quoique gravement compromis par une politique aveugle et sourde, le sort de la couronne ne pouvait être considéré comme désespéré. A l'exception de quelques exaltés, tout le monde redoutait les suites d'une révolution. A l'un d'eux, M. Odilon Barrot[1] disait : « Vous avez foi dans

1. Né en 1791 à Villefort (Lozère), mort à Paris en 1874. La suite de ce récit montrera M. Odilon Barrot à ses débuts dans la vie politique. Nous n'avons fait que rendre hommage à la vérité en jugeant le vieux combattant des luttes parlementaires d'autrefois avec une indulgence moindre que celle dont il s'est décerné le témoignage

une insurrection de place publique. Eh mon Dieu! si un coup d'état venait à éclater, vaincus, vous seriez traînés à l'échafaud et le peuple vous regarderait passer. » Encore à cette heure, si près d'une catastrophe irréparable provoquée par une conduite insensée, le plus grand nombre des hommes qui devaient à quelques jours de là s'associer au mouvement, le diriger et en profiter, ne prévoyaient rien en dehors d'un changement de ministère et ne formaient d'autre dessein que celui d'obtenir des garanties contre le retour d'une crise semblable à celle qu'on traversait.

La pratique loyale des institutions parlementaires offrait d'ailleurs au roi une ressource suprême et réparatrice. Non-seulement elle la lui offrait, mais elle la lui imposait à l'égal d'un devoir. Le ministère était battu ; il devait se retirer. Bien qu'il fût peut-être trop tard pour former un cabinet Villèle, un

dans ses Mémoires. En 1830, M. Odilon Barrot était déjà ce qu'il devait être toute sa vie, un orateur plus verbeux que profond, un homme d'état plus présomptueux que prévoyant, et à qui une inextinguible soif de popularité, une vanité poussée à l'excès, firent commettre, en dépit d'une loyauté inattaquable et des intentions les plus droites, des fautes irréparables. M. Odilon Barrot doit être placé au premier rang parmi les hommes de ce temps qui ont le plus contribué à déchaîner les passions révolutionnaires et qui se sont montrés les plus malhabiles à les contenir quand elles sont devenues menaçantes.

ministère Perier pouvait encore tirer la monarchie
de la situation critique qu'elle subissait. Malheureusement Charles X nourrissait la conviction, — c'était
aussi celle de ses ministres et de sa cour, — que la
retraite du cabinet ébranlerait le principe monarchique et amoindrirait la prérogative royale. La pensée ne vint ni aux membres du cabinet de donner
leur démission, ni au roi de la leur demander. Les
uns et les autres ne songèrent qu'à la résistance. Ils
n'avaient pas attendu le résultat définitif des élections pour s'en entretenir. Dès le 6 juillet, après les
premières opérations électorales favorables à l'opposition, le recours à l'article 14 de la Charte, qui
réservait au roi « le droit de faire toutes les ordonnances nécessaires pour la sûreté de l'état, » avait
été décidé, sur la proposition de M. de Polignac, malgré l'opposition de M. de Guernon-Ranville; et le
lendemain, après avoir écouté l'opinion de ce dernier, le roi s'était rallié à la majorité du cabinet,
en engageant ses ministres à régler sans délai
les moyens d'application du système qu'ils avaient
conçu.

L'examen de ces moyens occupa plusieurs séances
du conseil. Il donna lieu à des débats que l'influence
de M. de Polignac et l'adhésion du roi à toutes les

propositions du ministre qui possédait sa confiance ne cessèrent de dominer, et d'où elles écartèrent tour à tour la résistance de M. de Guernon-Ranville, les craintes de M. d'Haussez, les scrupules de M. de Montbel. Les fatales ordonnances dans lesquelles, pour le malheur de la France, allaient se résumer et être mises en pratique les vues politiques de M. de Polignac furent ainsi rédigées sans que les objections de ses collègues parvinssent à diminuer la foi robuste qu'il professait pour son système. Cette foi, depuis qu'il occupait le pouvoir, ne l'avait pas abandonné un seul jour. A cette heure décisive, elle stupéfiait tous ceux qui étaient en relations avec lui. Elle arrachait à l'ambassadeur d'Angleterre cette parole caractéristique : « Quand je vais aux affaires étrangères, je crois entrer dans le paradis des fous de Milton. Ces fous sont dans une situation déplorable, mais ils se croient toujours à merveille. »

Les illusions de M. de Polignac flattaient le secret désir du roi. Il les partageait. Il croyait au succès, et les avis qui lui venaient de toutes parts et même des cours étrangères engagées avec la France dans la sainte-alliance passaient sur son esprit sans le troubler, sans altérer sa sérénité. Il y répondait en niant les projets qu'on lui attribuait. « Un coup d'état per-

drait la dynastie ! » disait le prince de Metternich[1].
« Le serment de Reims violé, les Bourbons ne devraient plus compter sur la Russie, » écrivait le comte de Nesselrode[2], ambassadeur du tsar. « Je suis las de ces insinuations calomnieuses ! s'écriait le roi. » Et partout, il répétait qu'elles étaient fausses; il le disait aux membres du corps diplomatique, à ses aides-de-camp, au baron de Rothschild[3]. Il le disait même au général de Champagny[4], qui dirigeait le ministère de la guerre en l'absence du maréchal de Bourmont, et que, par une inconcevable aberration, M. de Polignac négligeait d'avertir, alors qu'il donnait à ses collègues l'assurance que toutes les mesures étaient prises pour vaincre en un instant les tentatives d'émeute qui pourraient se produire.

Le 24 juillet, les ministres avaient adopté définitivement les ordonnances. Au moment de se prononcer, plusieurs hésitèrent, effrayés par la responsabi-

1. Né à Coblentz en 1773, mort en 1859. En 1830, il était depuis vingt-cinq ans chancelier de l'empire d'Autriche, et à ce titre exerçait sur les affaires européennes une influence qui devait durer dix-huit ans encore.

2. Né à Lisbonne en 1780, mort en 1862.

3. Né à Francfort en 1792, mort à Paris en 1868.

4. Né à Cayenne en 1789, mort en 1863. Il était l'aide-de-camp du duc d'Angoulême et exerça au ministère de la guerre les fonctions de directeur du personnel et ensuite celles de secrétaire-général. Sous le gouvernement de juillet, il resta en disponibilité.

lité qu'ils assumaient sur eux et plus encore par le péril auquel ils exposaient la monarchie dans le but de la sauver. Ils votèrent tous cependant, même ceux qui avaient combattu avec le plus d'énergie les projets de M. de Polignac. Ils votèrent afin de ne pas paraître abandonner le roi. A cette heure décisive, pendant laquelle ils engageaient leur tête, le prince de Polignac surprit un mouvement du baron d'Haussez qui regardait avec angoisse autour de soi : « Que cherchez-vous? lui demanda-t-il.—Le portrait de Strafford, » répondit le ministre de la marine.

Le lendemain, les ordonnances furent présentées, au nombre de quatre, à la signature du roi. La première suspendait la liberté de la presse; la seconde prononçait la dissolution de la chambre, au moment même où les députés recevaient leurs lettres de convocation pour le 3 août; la troisième créait un nouveau système électoral qui réduisait à 258 le nombre des représentans; la quatrième enfin convoquait les colléges électoraux pour les 6 et 18 septembre, et les chambres pour le 28 du même mois. Ces ordonnances étaient suivies de plusieurs nominations par lesquelles d'anciens fonctionnaires sacrifiés sous le ministère de M. de Martignac reprenaient leurs emplois, et précédées d'un long rapport de M. de Chantelauze justifiant ces diverses mesures par l'énumération des griefs qui les avaient rendues nécessaires. Le roi voulut entendre deux fois la lecture des ordonnances sur la presse et les élections. Puis il se tourna vers son fils :

« Vous avez entendu?

— Oui, mon père.

— Qu'en pensez-vous?

— Lorsque le danger est inévitable, il faut l'aborder franchement et tête baissée. On périt ou l'on se sauve.

— C'est votre avis, messieurs, reprit le roi en promenant ses regards autour de la salle.

— Oui, sire, répondit le baron d'Haussez; nous sommes d'accord sur la fin, non sur les moyens. Je reconnais que la mesure est indispensable; mais je reconnais en même temps qu'on n'a pas de moyens suffisans pour la faire réussir.

— Vous ne voulez donc pas signer? demanda le roi.

— Je signerai, sire, parce que je considérerais comme une lâcheté d'abandonner dans une telle circonstance la monarchie et le roi; mais je déclare que je me rallie non à ma conviction, mais à la responsabilité de mes collègues. »

Le roi parut méditer cet avertissement; puis il reprit :

« Plus j'y pense et plus je demeure convaincu qu'il est impossible de faire autrement. »

Il signa, et quand les ministres eurent mis leur nom au-dessous du sien, il ajouta :

« Voilà de grandes mesures. Il faudra beaucoup de courage et de fermeté pour les faire réussir. Je compte sur vous; vous pouvez compter sur moi. Notre cause est commune. Entre nous, c'est à la vie et à la mort. »

M. de Polignac répéta ensuite que les forces militaires en ce moment à Paris suffiraient pour réprimer les perturbateurs et sauvegarder la paix publique, si elle était troublée. Les ministres ajoutèrent foi à ces paroles. Elles confirmaient des assurances analogues données à l'un d'eux par le préfet de police, qui lui avait dit :

« Quoi que vous fassiez, Paris ne bougera pas; marchez hardiment, je réponds de Paris; sur ma tête, j'en réponds. »

Ces assertions étaient erronées. M. de Polignac ne savait même pas qu'il n'y avait à Paris que 17,000 hommes. Comment l'aurait-il su, puisqu'il négligeait systématiquement de consulter le général faisant fonctions de ministre de la guerre, approuvé en cela, comme en tout, par le roi et par le dauphin, qu'on vit le même soir rire et se frotter les mains en disant :

« Champagny sera bien étonné demain, en lisant le *Moniteur*. »

A l'issue du conseil qui s'était tenu à Saint-Cloud, les ministres rentrèrent à Paris. M. de Polignac conservait encore son imperturbable confiance, comme s'il n'eût pas compris la gravité des actes auxquels il venait d'attacher son nom. Ses collègues étaient moins rassurés. M. de Guernon-Ranville, traversant à pied le bois de Boulogne, dit à M. de Montbel, qui faisait route avec lui :

« Nous venons d'engager une partie dans laquelle nous avons mis nos têtes pour enjeu; mais, quoi qu'il arrive, notre conscience sera tranquille, car nous n'avons eu en vue que le service du roi et le bonheur de la France.

— Oui, vous avez raison, répondit le ministre des finances, advienne que pourra. »

Ils ne prévoyaient encore ni l'un ni l'autre, quelles que fussent leurs appréhensions, que l'orage était si proche et que la monarchie, selon un mot saisissant prononcé depuis, allait sombrer sous voiles, comme un vaisseau tout armé.

Le secret des ordonnances fut rigoureusement gardé pendant cette journée. Le soir, vers onze heures, M. Sauvo, rédacteur en chef du *Moniteur*[1], fut appelé chez M. de Chantelauze. Il y trouva M. de Montbel. Les deux ministres étaient assis devant une table faiblement éclairée, dans un état frappant de préoccupation et de tristesse. M. de Chantelauze tenait à la main un rouleau de papier. Il en défit le lien et dit à M. Sauvo :

« Monsieur, voici des actes importans à publier dans le *Moniteur* de demain. »

Et comme M. Sauvo, après en avoir donné reçu, parcourait rapidement les actes afin d'en connaître l'objet, M. de Montbel lui dit :

« Vous êtes bien ému ! »

— Monseigneur, il serait plus étonnant que je ne le fusse pas.

— Sans doute, cela est très grave.

— Dieu sauve le roi ! Dieu sauve la France !

— Nous l'espérons bien ! C'est bien notre vœu, répliquèrent les ministres, dont l'accent et la phy-

---

1. Né à Paris en 1772, mort en 1859, dirigea pendant quarante ans le *Moniteur*.

sionomie exprimaient plus de crainte que d'espérance. »

Et comme leur regard interrogeait aussi M. Sauvo,
qui s'éloignait, celui-ci leur dit :

« Messieurs, j'ai cinquante-sept ans. J'ai vu
toutes les journées de la révolution. Je me retire avec
une terreur profonde d'être encore témoin de commotions nouvelles. »

V.

Ainsi qu'on l'a vu, les ordonnances avaient été signées le 25 juillet. Le *Moniteur* les publia le lendemain[1]. La longueur de leur texte, le supplément de travail auquel elles donnèrent lieu ayant occasionné un retard dans la distribution de l'organe officiel, c'est vers dix heures seulement que la nouvelle du coup d'état commença à se répandre dans Paris. Le roi, plein de confiance dans le succès, ne se doutant pas d'ailleurs de la gravité du péril qu'il venait de provoquer, quittait avec son fils, au même instant, le palais de Saint-Cloud pour aller chasser dans la forêt de Rambouillet. Comme il désirait que durant l'exécution des graves mesures qu'il avait résolues aucune crainte ne se manifestât autour de lui, le

1. Nous croyons devoir en donner le texte intégral, ainsi que le rapport de M. de Chantelauze. On trouvera ces documens aux pièces historiques n° 1.

Moniteur, par ses ordres, n'avait pas été remis aux dignitaires de la couronne que leur service fixait au palais. Parmi eux se trouvait le maréchal Marmont, duc de Raguse[1]. Bien qu'à son insu il fût désigné pour prendre le commandement des troupes, si quelque mouvement populaire éclatait, le maréchal avait été exclu, comme le général de Champagny, des confidences du roi et de celles de M. de Polignac. Il partit pour Paris sans connaître les ordonnances qu'il devait être appelé à défendre, et n'en lut le texte qu'en arrivant à l'Institut où il s'était rendu. Il ne dissimula ni sa tristesse ni son irritation. Ayant rencontré son savant collègue M. François Arago[2], il lui dit :

« Eh bien! vous le voyez, les insensés, ainsi que je le prévoyais, ont poussé les choses à l'extrême. Vous n'avez à vous en affliger, vous, que comme citoyen, comme bon Français; mais combien n'ai-je pas lieu de me plaindre, moi qui, en ma qualité de

1. Né à Châtillon-sur-Seine en 1774, mort à Venise en 1852.
2. Né à Estarget (Pyrénées-Orientales), en 1786, mort en 1853. Il fut admis à vingt-trois ans à l'Académie des sciences et chargé en même temps d'un cours à l'École polytechnique. Il fut jeté dans la politique en 1831 comme député de son département natal, et, par la constance de son opposition, acquit une popularité qui le désigna en 1848 pour être nommé membre du gouvernement provisoire. Dans ce poste, il fut un vaillant défenseur de la conservation sociale et lutta pour l'ordre, que son parti n'avait pas peu contribué à troubler.

militaire, serai obligé de faire tuer pour des actes que j'abhorre et pour des personnes qui depuis long-temps semblent s'étudier à m'abreuver de dégoûts. »

Dans cette matinée, M. de Polignac recevait au ministère des affaires étrangères plusieurs personnes venues pour le féliciter de son courage, et parmi elles, M. de Genoude [1], rédacteur en chef de la *Gazette de France*, qui ne contribua pas peu à encourager les lamentables illusions du président du conseil auxquelles Paris, pendant ce temps, s'apprêtait à infliger un sanglant démenti. Les citoyens ne manifestaient pas encore la volonté de s'opposer par les armes à l'exécution des ordonnances, mais ils exprimaient leur indignation et leurs craintes. Les industriels parlaient de renvoyer leurs ouvriers et de fermer leurs fabriques. Dès l'ouverture de la Bourse, la rente subissait une dépréciation de 4 francs. Les écrivains attachés aux feuilles d'opposition se réunissaient aux bureaux du *National*. Après avoir pris l'avis de plusieurs jurisconsultes, ils chargeaient M. Thiers [2] de rédiger une protestation qu'ils signèrent

1. Né à Montélimart en 1792, mort à Paris en 1849.
2. Né à Marseille le 16 avril 1797, M. Thiers avait alors trente-trois ans et n'avait pris part à la politique que comme publiciste. Le moment approchait où il allait y marquer sa place comme homme d'état.

au nombre de quarante-quatre, et dans laquelle, dénonçant l'illégalité des ordonnances, ils affirmaient la ferme volonté d'y résister. « Le gouvernement, disaient-ils, a perdu aujourd'hui le caractère de légalité qui commande l'obéissance ; nous lui résistons pour ce qui nous concerne : c'est à la France de voir jusqu'où doit s'étendre sa propre résistance. » Cette résistance trouvait déjà un appui auprès des tribunaux. L'imprimeur du *Journal du Commerce* ayant refusé le service de ses presses, en invoquant l'ordonnance qui suspendait la liberté des feuilles périodiques, le président du tribunal civil, M. de Belleyme[1], le condamnait à continuer l'impression du

1. Né en 1787, mort en 1862. M. de Belleyme était procureur du roi à Paris quand M. de Martignac devint ministre. Il fut nommé alors préfet de police ; mais il donna sa démission à l'avénement de M. de Polignac, malgré les instances qui furent faites auprès de lui par Charles X lui-même afin de le retenir. Pour atténuer le fâcheux effet de sa retraite, on le nomma président du tribunal civil de la Seine. Il conserva ces fonctions longtemps. Il eut pour successeur à la préfecture de police M. Mangin, le savant criminaliste, conseiller à la cour de cassation, lequel, comme procureur-général à Poitiers, avait requis, en 1822, l'application de la peine de mort contre le général Berton, l'organisateur de l'échauffourée de Saumur. Bien que la culpabilité de ce dernier ne fût pas douteuse, son exécution souleva des protestations ardentes, et M. Mangin devint un des magistrats les plus impopulaires de France. La vérité oblige à reconnaître que son incapacité et son imprévoyance pendant la crise de 1830 égalèrent la réprobation qui avait accueilli sa nomination.

journal, attendu que l'ordonnance n'avait pas encore été promulguée dans les formes légales. Le tribunal de commerce rendait, au profit du *Courrier fran-cais*, un jugement analogue.

Vers cinq heures, des groupes commençaient à se former dans les rues, au Palais-Royal, aux abords des ministères. Des cris de « Vive la Charte! A bas les ministres! » se faisaient entendre; les rassemble-mens, dissipés sur un point par les gendarmes, allaient se reformer sur un autre, toujours plus nom-breux et plus menaçans. Quelques députés se réu-nissaient en hâte chez l'un d'eux, et ne se trouvant pas en nombre pour prendre utilement une résolu-tion, s'ajournaient au lendemain, en se donnant ren-dez-vous chez M. Casimir Perier.

Dans la soirée, quatre ministres, MM. de Polignac, de Peyronnet, d'Haussez et de Montbel, se rencon-traient un peu par hasard chez M. de Chantelauze, qui était souffrant. On leur apprit que les vitres du ministère des finances venaient d'être brisées. M. de Polignac, craignant qu'il y eût devant son hôtel quelque manifestation analogue, voulut s'y rendre. M. d'Haussez l'accompagna. Ils furent reconnus dans la rue des Capucines, à l'entrée de la présidence. Des huées retentirent autour d'eux, mêlées à des menaces. Des pierres furent lancées contre leur voiture et M. d’Haussez fut légèrement blessé. La présence d’esprit du cocher et l’intervention des soldats de garde au ministère les sauvèrent d’un danger plus grand. A la même heure, le salon de M. de Guernon-Ranville était encombré de personnes qui le louaient du parti énergique et « nécessaire » auquel le gouvernement avait enfin demandé la conclusion d’un état « intolérable. »

En résumé, la journée s’était écoulée assez paisible pour encourager l’erreur dans laquelle persistait M. de Polignac, et qui consistait à croire que l’agitation populaire serait insignifiante et de courte durée. Il s’entêta dans cette erreur jusqu’au dernier moment, apportant dans l’organisation de la répression la plus inconcevable négligence et à ce point aveuglé que le 28, au moment où l’insurrection devenait sur tous les points maîtresse de Paris, il envoyait encore à Saint-Cloud des lettres empreintes de quiétude, et faisait répondre à un ambassadeur qui lui demandait un sauf-conduit pour ses gens : « Rassurez Son Excellence. Ce n’est rien que tout cela. Dans deux heures, tout sera fini. » Trois mois avant, il disait déjà des premiers symptômes du conflit déchaîné par sa maladresse et son opiniâtreté : « C’est une ébullition à la surface; en soufflant dessus, tout disparaîtra. »

La journée du 27 s'annonça plus menaçante. Plusieurs journaux s'abstinrent de paraître, afin de n'avoir pas à solliciter l'autorisation exigée par les ordonnances. D'autres, notamment le *National* et le *Temps*, parurent sans cette autorisation, publiant en tête de leurs colonnes la protestation des journalistes; malgré les efforts de la police, ils furent distribués en grand nombre à Paris et expédiés dans les départemens. L'autorité ayant voulu poser les scellés sur les presses des contrevenans, il en résulta une excitation nouvelle que vint accroître encore l'agitation des faubourgs et des écoles. La foule se porta plus malveillante que la veille vers l'hôtel des affaires étrangères. Des bandes composées non-seulement d'ouvriers, mais d'un grand nombre d'individus appartenant à la bourgeoisie, parcoururent les boulevards aux cris de *Vive la Charte ! A bas les ministres* ! tandis que les députés libéraux, réunis chez M. Casimir Perier, s'apprêtaient à prendre la direction du mouvement et à encourager la résistance. Le prince de Polignac se décida alors bien tardivement à faire connaître au maréchal Marmont, venu de Saint-Cloud à Paris, sur l'ordre du roi, qu'il était investi du commandement de la 1re division militaire. « C'est la plus cruelle épreuve que j'aie faite de la fatalité qui s'attache à moi! » répondit le maréchal, car il se résigna cependant à obéir. La nouvelle de sa nomination acheva d'exaspérer les Parisiens. Une impopularité qui ne peut être comparée qu'à celle du maréchal de Bourmont pesait sur son nom. Les partisans de l'empire l'accusaient d'avoir trahi Napoléon, et cette accusation passionnée trouvait des échos dans tous les partis. Ce fut une faute irréparable du président du conseil de choisir, pour en faire le défenseur de la cause royale, un soldat compromis, sans action sur les troupes, sans prestige sur le peuple. Vainement il a allégué plus tard qu'en le choisissant il avait obéi aux conseils du ministre de la guerre; la responsabilité de ce choix fatal à la monarchie pèse sur sa mémoire au même titre que toutes celles qu'il ne craignit pas d'assumer. Le duc de Raguse prit possession du commandement à midi, ayant sous ses ordres 11,000 hommes. Dans l'après-midi Paris se soulevait; grossie des nombreux ouvriers que la fermeture simultanée de la plupart des ateliers de la capitale jetait sur le pavé, l'émeute entreprenait son œuvre, et, vers trois heures, le combat s'engageait aux environs du Palais-Royal.

A dater de ce moment, Paris fut livré pendant trois jours à tous les malheurs d'une guerre civile inoubliable, dont nous n'entendons raconter ni les opérations, ni les péripéties. Ces événemens ont trouvé déjà d'éloquens historiens. Ils ne sont d'ailleurs que le prologue du solennel procès auquel cette étude est consacrée, et nous n'en devons retenir que ce qui est nécessaire à faire comprendre, en la justifiant, l'accusation portée ultérieurement contre les ministres de Charles X.

Les journées des 28 et 29 juillet furent les plus meurtrières. Dès le matin de la première, la population de Paris, entraînée par la colère, excitée par les champions des idées libérales, exaspérée par le maintien des ordonnances et l'attitude des ministres, fut debout et armée. Le choc entre le peuple insurgé et les troupes royales eut lieu sur plusieurs points à la fois. On se battit à Notre-Dame, à la place de la Bastille, au Pont-Royal, au pont de la Grève, à l'Hôtel de Ville, qui fut pris, repris, et demeura enfin au pouvoir de l'émeute. La garde royale et les Suisses se montrèrent héroïques; mais la ligne ne marchait qu'à regret, et sur plusieurs points finit par déposer les armes, ou même par passer à l'insurrection. Le 29, le champ de bataille s'étendit encore. La rive

gauche devenait, comme la rive droite, le théâtre
des plus sanglans excès. Les casernes des gendarmes, le poste du Luxembourg, tous ceux des barrières étaient désarmés; les appartemens de l'arche-
vêché mis au pillage; la prison de la Conciergerie
était forcée et trois cents malfaiteurs recouvraient
ainsi la liberté. Dans la plupart des églises, le tocsin
sonnait. Des barricades s'élevaient de toutes parts.
Enfin, l'émeute s'emparait des Tuileries où le maréchal Marmont avait établi son quartier-général et
massacrait les soldats qu'en évacuant le palais, pour
rallier ses troupes à l'Arc-de-Triomphe, il avait
chargés de couvrir sa retraite. Tel était le lamen-
table résultat de la funeste campagne de M. de Polignac, étourdiment entreprise en violation de la
Charte, sans plan arrêté, sans moyens de défense.

Pendant que le sang français, versé par sa faute,
rougissait le pavé des rues, les ministres, qui d'abord
s'étaient établis en permanence à l'hôtel des affaires
étrangères et avaient fait proclamer l'état de siége,
s'attachaient à tromper le roi sur la gravité de la
situation, et tandis que le maréchal Marmont écrivait à Saint-Cloud : « Ce n'est plus une émeute,
c'est une révolution ! » ils ne cessaient de répéter :
« Ce n'est qu'une émeute; toutes les mesures sont

prises; la monarchie n'est pas en danger. » Le roi, qu'on ne voulait pas alarmer, se refusait donc à croire au péril. Aux avis réitérés du duc de Raguse lui représentant la nécessité de sauver, par une mesure immédiate, alors qu'il en était temps encore, l'honneur de la couronne, il répondait en remerciant les troupes « de leur bonne et honorable conduite, et en leur accordant un mois et demi de solde. »

Le roi conserva ainsi jusqu'au dernier moment sa confiance et sa sérénité. C'est le 29 seulement qu'il consentit, sur la proposition du prince de Polignac, à retirer les ordonnances. Les ministres étaient arrivés à Saint-Cloud dans la matinée de ce jour, suivis de deux pairs de France, M. de Sémonville, grand référendaire, et le comte d'Argout. Après avoir vainement sollicité du maréchal Marmont la révocation des ordonnances et la démission du cabinet, MM. de Sémonville et d'Argout s'étaient décidés à se rendre auprès du roi pour lui faire connaître la vérité et obtenir de lui une décision qui pouvait encore à ce moment sauver son trône, et dont le matin même le duc de Mortemart avait tenté sans succès de lui démontrer la nécessité. Ils tinrent à Charles X un langage suppliant. M. de Sémonville pleura, se jeta à ses pieds, et parvint enfin à faire prendre ses conseils

en considération, en promettant que des concessions
faites à temps ramèneraient Paris à l'obéissance et
au devoir. Les ministres furent convoqués aussitôt.
Ils étaient encore bien éloignés de croire que la partie fût perdue. Ils avaient d'ailleurs une excuse. Au
moment où ils prenaient congé du maréchal Marmont
à son quartier-général des Tuileries, qu'il allait être
contraint d'abandonner quelques heures plus tard, il
leur avait dit : « Quoi qu'il arrive et sans avoir besoin
de nouveaux renforts, la population de Paris tout
entière s'armât-elle contre moi, je puis tenir ici pendant quinze jours. Cette position est inexpugnable. »
Ils étaient sous l'influence de ce langage, quand le
conseil s'ouvrit, convaincus qu'une grande mesure
de conciliation était nécessaire pour arrêter l'effusion
du sang, mais que sous cette condition, le roi resterait aisément maître de dicter ses volontés.

Soudain, au moment même où la délibération
commençait, le général Du Coëtlosquet se présenta,
arrivant de Paris, « pouvant à peine se soutenir, a
raconté un témoin, défiguré par la poussière, sans
cravate. » Il venait annoncer que tout se perdait,
que les insurgés, profitant d'une suspension d'armes
ordonnée par le duc de Raguse, s'étaient emparés des
Tuileries, et que le maréchal n'était parvenu qu'à

grand'peine à rallier ses troupes au bois de Boulogne. Paris se trouvait donc au pouvoir des révoltés. Ces tristes nouvelles furent bientôt confirmées par le maréchal lui-même. On le vit entrer tout à coup chez le roi, en disant :

« Sire, c'est une campagne manquée. J'ai la douleur d'annoncer à votre majesté que je n'ai pu maintenir son autorité dans Paris. Les Suisses que j'avais chargés de la défense du Louvre, saisis d'une terreur panique, ont abandonné ce poste important. Entraîné moi-même dans une déroute générale, je n'ai pu rallier mes bataillons qu'à l'Étoile, et j'ai donné l'ordre de continuer le mouvement de retraite sur Saint-Cloud. Une balle dirigée contre moi a tué le cheval d'un officier à mes côtés. Je regrette qu'elle ne m'ait pas traversé la tête ; la mort m'eût été moins affreuse que le spectacle dont je viens d'être témoin. »

A ces douloureux détails vinrent bientôt s'en ajouter d'autres. Un gouvernement provisoire se formait à l'Hôtel de Ville sous la direction du général de La Fayette [1]. L'émeute, commencée aux cris de « Vive la Charte ! A bas les ministres ! » dégénérait en une révolution qui s'accomplissait aux cris de « Vive la République ! A bas les Bourbons ! »

1. Né à Chavaniac d'Auvergne (Haute-Loire) en 1757, mort en 1834.

VI.

Les ministres reprirent leur délibération sous l'influence de ces nouvelles désastreuses. Il tombèrent d'accord sur la nécessité de retirer les ordonnances. M. de Sémonville et M. d'Argout avaient dit au roi que cette mesure et la démission du cabinet faciliteraient une conciliation honorable. Seul, M. de Guernon-Ranville déclara que disposé, quelques heures avant, à conseiller au roi le retrait des ordonnances, afin de suspendre les malheurs de la guerre civile, il ne pouvait plus voir maintenant dans une semblable mesure qu'un acte de faiblesse, qui n'aurait d'autre effet que de légitimer la révolte, en enlevant à la couronne toute dignité, sans donner satisfaction à l'émeute. Selon lui, il ne s'agissait plus ni du minitère, ni des ordonnances, mais du pouvoir royal tout entier. La lutte était engagée entre la légitimité et la révolution; la capitulation proposée par des négociateurs sans pouvoirs ne serait pas acceptée par les vainqueurs. Il conseillait donc de maintenir les ordonnances, à l'exception de celle qui prononçait la dissolution de la chambre nouvellement élue, et de convoquer cette chambre ailleurs qu'à Paris. Le dauphin, qui assistait à la délibération, approuva cet avis et exprima le regret que la majorité ne l'adoptât pas. Décidé à mourir les armes à la main, il croyait d'ailleurs pouvoir compter sur la fidélité des provinces.

La révocation des ordonnances fut donc décidée et le roi fit connaître à ses ministres le dessein où il était de charger le duc de Mortemart de former un ministère, en l'autorisant à y faire entrer avec lui quelques membres de l'opposition tels que M. Casimir Perier et le général Gérard. C'est M. de Vitrolles [1], parent de ce dernier, qui lui avait suggéré ce

1. Né en Provence en 1774, mort en 1854, émigré et ami du comte d'Artois. Il s'employa activement, en 1814, auprès des coalisés, et déploya au profit des Bourbons le génie d'intrigue qui était en lui. Pendant les cent-jours, il tenta d'organiser la résistance dans le midi, fut arrêté à Toulouse et menacé un moment d'être fusillé. La Restauration l'avait fait ministre d'état. En 1815, il fut élu député, et à l'extrême droite, où il siégeait, poussa si loin la violence et l'intrigue, qu'en 1818 son titre de ministre d'état lui fut retiré. Mais Charles X, à son avénement, le nomma ambassadeur en Sardaigne. En 1830, M. de Vitrolles quitta la scène politique et n'y reparut plus. Il a laissé des mémoires encore inédits.

plan. Le général duc de Mortemart[1] ambassadeur en Russie, était un esprit indépendant, libéral, jouissant d'un certain crédit auprès des chefs de l'opposition. En congé aux environs de Versailles quand l'insurrection avait éclaté, il se trouvait depuis vingt-quatre heures à Saint-Cloud. Le matin même, il s'était efforcé d'arracher au roi les concessions auxquelles ce dernier venait enfin de se résoudre : « Messieurs, ajouta le roi, on m'impose l'obligation de renvoyer les ministres qui ont toute ma confiance et toute mon affection pour en prendre d'autres qui me sont donnés par mes ennemis. Me voilà dans la position où était mon malheureux frère en 1792 ; j'aurai seulement sur lui l'avantage d'avoir moins longtemps souffert : en trois jours, tout aura été terminé avec la monarchie. Quant au monarque, sa fin sera la même. Puisqu'il le faut, je vais faire appeler le duc de Mortemart et l'envoyer à Paris ; je le plains de s'être attiré la confiance de nos ennemis. S'il a eu des torts, en voilà une punition bien cruelle. Chacun a ses chagrins ; un de ceux que je sens le plus vivement, c'est cette cruelle séparation. »

Ayant prononcé ce discours les larmes aux yeux,

1. Né à Paris en 1787, mort en 1875, pair de France et sénateur de l'empire.

le roi rentra dans son cabinet où le duc de Mortemart reçut l'ordre de se rendre :

« Vous aviez raison, lui dit Charles X en faisant allusion aux avis que M. de Mortemart avait fait entendre le matin, la situation est plus grave que je ne pensais; mais on croit qu'un ministère dont vous serez le chef peut tout arranger et je vous nomme président du conseil avec faculté de composer un ministère où vous pourrez faire entrer le général Gérard et M. Casimir Perier. »

Le duc de Mortemart commença par résister, en énumérant les motifs qui ne lui permettaient pas d'accepter le pouvoir en ce moment. Mais le roi ne voulut pas l'entendre et, pour vaincre son refus, il lui mit dans les mains l'ordonnance de sa nomination à la présidence du conseil en ajoutant :

« Maintenant, aurez-vous la barbarie de me la rendre? »

M. de Mortemart ne put rester insensible à ce trait et accepta cette périlleuse et tardive mission. L'ordonnance qu'il venait de recevoir était contre-signée par M. de Chantelauze, M. de Polignac ayant refusé sa signature. A dater de ce moment, le cabinet du 8 août cessait d'exister. Ses membres restaient donc libres de songer à leur sûreté.

Le marquis de Sémonville et le comte d'Argout étaient repartis immédiatement pour Paris, on l'a vu, afin d'y faire connaître les concessions du roi, suivis de près par le duc de Mortemart. M. de Polignac et ses collègues étaient devenus libres de pourvoir à leur sûreté. Dans l'entourage de Charles X, et bien que le maréchal Marmont, obligé d'abandonner les Tuileries, eût ramené à Saint-Cloud ce qui restait de l'armée royale en déroute et qu'en conséquence l'insurrection fût maîtresse de Paris, on se trompait encore à ce point sur la gravité des événemens que la nomination du duc de Mortemart fut considérée comme la fin de la crise. Le roi lui-même annonça à la duchesse de Berry que, sous vingt-quatre heures, elle pourrait rentrer à Paris, ce qui arracha ce cri à l'ardente et fière princesse :

« Moi! que j'aille montrer aux Parisiens ma face humiliée! non, jamais! »

Mais hors de Saint-Cloud la monarchie était considérée comme irréparablement perdue. Durant cette triste journée du 29, la duchesse d'Angoulême, que les ordonnances avaient surprise à Vichy, traversait la Bourgogne, revenant en toute hâte auprès du roi. Cette femme héroïque, qui, depuis l'entrée de M. de Polignac aux affaires, prévoyait la révolution, put constater durant son voyage, à l'attitude hostile des populations, que ses pressentimens ne l'avaient pas trompée. Quand, huit jours après, elle rejoignit à Rambouillet la cour fugitive, tout était consommé, et la famille royale reprenait la route de l'exil. Après des péripéties qui appartiennent à l'histoire de la révolution de 1830, le duc de Mortemart s'étant présenté, au nom du roi, au gouvernement provisoire installé à l'Hôtel de Ville, avait reçu cette terrible réponse :

« Il est trop tard ! »

L'émeute était terminée, mais la révolution accomplie et la dynastie des Bourbons déchue, sous l'effort de haines, de ressentimens et de préjugés accumulés depuis quinze ans, et dont la folle imprévoyance de Charles X et de ses ministres avait en trois jours assuré le triomphe.

La matinée du 30 juillet s'écoula au palais de Saint-Cloud toute pleine d'une cruelle angoisse. A chaque instant, des rumeurs vagues et contradictoires, venues de Paris, dénonçaient la marche progressive de la révolution, sans apporter aucun renseignement précis sur les décisions du gouvernement provisoire. M. de Polignac et ses collègues, retirés dans leur appartement, prêts à partir, s'ils en rece-

vaient l'ordre, se tenaient à l'écart, afin de ne pas
entraver par leur présence les négociations qui pourraient s'engager entre le pouvoir royal et le pouvoir
insurrectionnel. Le duc d'Angoulême avait pris le
commandement de la petite armée de Charles X,
ayant sous ses ordres le maréchal Marmont, qu'il
avait cruellement blessé par une scène d'une violence inouïe, en l'accusant presque de trahison. Le
roi allait et venait, indécis, perplexe, écoutant tous
les conseils, n'en suivant aucun.

La désertion, après avoir opéré ses ravages parmi
les régimens de ligne, engagés durant les jours précédens contre l'émeute, se propageait maintenant
jusque parmi les troupes de la garde, disséminées
entre Sèvres et Saint-Cloud, abandonnées, sans
ordre et sans discipline, à l'oisiveté, dans le désarroi
d'une douloureuse catastrophe, dans le découragement des défaites de la veille et de l'inconnu du lendemain. On attendait en vain les députations pacifiques promises par MM. de Sémonville et d'Argout,
ainsi que des nouvelles du duc de Mortemart, parti
dans la nuit, afin de se mettre en rapport avec le
gouvernement provisoire. Des deux négociateurs de
la chambre des pairs, on ne savait rien. M. de Mortemart ne donnait pas signe de vie. On ignorait à la

cour les péripéties de son voyage, les entraves apportées à sa mission, et Charles X se plaisait à espérer, au mépris de toute vraisemblance, que ses concessions tardives ne seraient pas repoussées.

A deux heures, on apprit que MM. de Sémonville et d'Argout avaient échoué dans leur tentative ; on connut en même temps la nomination du duc d'Orléans comme lieutenant-général. Le roi persista néanmoins à espérer en l'habileté du duc de Mortemart, et vers le soir, toujours sans nouvelles de lui, dévoré d'inquiétude, il envoya à sa recherche un des officiers de sa maison, M. Arthur de La Bourdonnaye. Le baron Capelle tenta également de rejoindre le duc de Mortemart. Mais il dut revenir à Saint-Cloud au bout de quelques heures, sans avoir pu entrer dans Paris[1].

Vers minuit, Charles X, qui venait de se coucher et de s'endormir, fut réveillé tout à coup par la duchesse de Berry. On avait annoncé à la princesse que des bandes d'insurgés marchaient sur Saint-Cloud. Saisie de terreur, non pour elle, mais pour ses enfans, elle suppliait le roi de pourvoir au salut de la famille royale, en abandonnant ce palais, qu'elle croyait menacé par l'émeute. Après avoir pris

1. Documens inédits.

conseil du duc d'Angoulême et du maréchal Marmont, le roi céda. Il fit appeler le baron d'Haussez pour lui faire savoir qu'il se rendait à Trianon et qu'il engageait ses anciens ministres à le suivre. Le duc d'Angoulême devait le rejoindre le lendemain avec les troupes restées fidèles à la couronne. A deux heures de la nuit, Charles X quittait Saint-Cloud avec sa famille et sa cour, protégé par une escorte dont le duc de Raguse avait pris le commandement.

En arrivant à Trianon, le roi réunit autour de lui M. de Polignac et ses collègues, dont l'inutilité de ses concessions l'obligeait à réclamer les conseils en ce moment critique. Ceux-ci déclarèrent unanimement qu'il n'y avait aucun bon résultat à attendre des pourparlers engagés à Paris, et qu'il fallait s'apprêter sur-le-champ à tenir tête à la révolution.

M. de Guernon-Ranville, qui était assurément le plus énergique des ministres et dont l'énergie s'élevait à la hauteur d'un péril provoqué malgré lui, proposa la translation du gouvernement à Tours, où seraient appelés le corps diplomatique et les grands corps de l'état. Il proposa en outre a convocation des chambres dans cette ville pour le 15 août, la retraite de la famille royale au-delà de la Loire, ainsi que les mesures propres à isoler Paris du reste de la

France. Ces propositions furent approuvées. Cependant, avant de les adopter définitivement, le roi voulut connaître l'avis de son fils, resté à Saint-Cloud afin de protéger sa retraite.

Le duc d'Angoulême arriva dans la matinée suivi de quelques milliers d'hommes. Il venait de courir les plus grands dangers au pont de Sèvres, où il s'était vu abandonné par une partie de ses soldats, et de donner là, comme jadis au pont de la Drôme, des preuves de son intrépidité.

Ainsi la situation s'aggravait d'heure en heure. De Paris, on n'osait plus rien espérer. Versailles était en insurrection, comme presque toute la France, et pour reprendre l'offensive, il fallait rallier les troupes éparses sur les divers points du territoire. M. de Guernon-Ranville, convaincu néanmoins que la monarchie pouvait encore être sauvée, exposa de nouveau son projet et le fit adopter. Les ministres s'occupèrent de préparer les ordonnances nécessitées par ces mesures, ainsi que les circulaires aux préfets, aux receveurs-généraux, aux autorités militaires et aux procureurs-généraux. M. de Peyronnet fut chargé de rédiger une proclamation pour annoncer à la France que le roi était résolu à combattre la révolution par tous les moyens dont il pourrait disposer et

pour appeler les bons citoyens au secours de la monarchie.

Ces actes étaient presque terminés, et les ministres
se préparaient à les soumettre à la signature du roi,
quand on vint les avertir que la cour allait partir
pour Rambouillet. C'est M. Capelle que le roi avait
chargé de leur faire connaître ses desseins, de les engager à pourvoir à leur sûreté, et de leur offrir, avec
des passeports en blanc, quelques secours d'argent,
car il les supposait avec raison dépourvus de toutes
ressources. M. de Montbel distribua une somme de
6,000 francs entre les membres du conseil. Tandis
que M. de Polignac se rendait auprès du roi, ses collègues se hâtèrent de détruire les actes qu'ils venaient de rédiger et qui auraient pu témoigner contre
eux des moyens de défense qu'ils avaient préparés.
Puis ils songèrent à se mettre en sûreté, sans se résigner cependant à s'éloigner encore, et attendant que
le roi leur fît tenir de nouveaux ordres. M. de Peyronnet hésitait à aller les chercher, quand Charles X
le fit demander. En présence de M. de Polignac et de
deux autres témoins, il lui enjoignit avec bonté de
pourvoir par une prompte fuite à son salut. Il répéta
le même ordre, sur le ton de la plus vive sollicitude,
à M. d'Haussez, qui se présenta au moment où finis-

sait l'entretien avec M. de Peyronnet[1]. Mais c'est surtout dans ses adieux au prince de Polignac que le roi mit un accent particulier de paternelle tendresse. Comme son premier ministre, dont on ne saurait contester la longue et inébranlable fidélité à la maison des Bourbons, offrait de verser son sang pour la

1. En quelques traits, dignes d'être retenus par l'histoire, M. de Peyronnet a résumé plus tard, dans une lettre écrite le 20 avril, et datée du fort de Ham, à M. Casimir Perier, la physionomie de ces heures dramatiques. M. de Montbel, réfugié à Vienne et condamné par contumace, avait adressé un mémoire à la chambre des pairs pour exposer sa conduite et se justifier.

« On pourrait induire d'un passage assez équivoque de ce mémoire, écrivait l'ancien ministre de l'intérieur, qu'à l'exception de M. de Montbel et d'un autre ministre seulement qui avait suivi le roi Charles X jusqu'à Rambouillet, les autres s'étaient déjà éloignés et étaient partis volontairement.

« Ce serait une cruelle injustice. Pour moi, qui n'ai quitté Charles X qu'à Rambouillet, comme M. de Prades, entre autres, pourrait l'attester, je ne m'y suis déterminé que sur l'ordre formel que m'en a donné ce malheureux prince, à Trianon, dans son cabinet où il m'avait lui-même appelé. Deux personnes dignes de foi, le premier écuyer et l'huissier de la chambre, ont assisté à une bonne partie de ce douloureux entretien.

« Comme il finissait, M. d'Haussez est venu et j'ai entendu lorsque Charles X lui a dit de se retirer. Cet ordre n'a pas été donné directement à MM. de Chantelauze et de Guernon-Ranville; mais il leur a été transmis, de la part de Charles X, par M. Capelle.

« Quant à M. de Polignac, l'affection et le dévoûment dont il a donné tant de preuves dans toute sa vie me dispensent de confirmer ce qui ne peut être douteux pour personne. Puisqu'il s'est séparé de son roi en un tel jour et en un tel lieu, on peut bien croire que ce n'était que pour obéir. » — (*Documens inédits communiqués à l'auteur.*)

cause que son imprévoyance avait perdue, le roi répondit :

« Partez, je vous l'ordonne ; je ne me souviens que de votre courage, et je ne vous accuse pas de notre malheur. Notre cause était celle de Dieu, celle du trône et de mon peuple ; la Providence éprouve ses serviteurs et trompe souvent les meilleurs desseins dans des vues supérieures à nos courtes vues ; mais elle ne trompe jamais les consciences droites. Rien n'est perdu encore pour ma maison. Je vais combattre d'une main et transiger de l'autre[1]. »

Puis le roi engagea M. de Polignac à se rendre en

1. Dans ces accens, M. de Polignac retrouvait l'écho de sa propre pensée. « Notre cause était celle de Dieu ! » lui disait le roi. Cette phrase, empreinte de ce mysticisme cher à Charles X, contient en germe tout le coup d'état et devait plaire au ministre qui attendait de la sainte Vierge les secours dont il avait besoin pour conjurer les périls accumulés par lui autour du trône de Charles X. Un jour, aux Tuileries, le duc de Guiche, menin du dauphin, envoyé par le prince auprès du roi, prit sur le fait ce fatal élément de tant de ruines et de résolutions absurdes, en entrant dans le cabinet du roi, où celui-ci avait reçu pour son travail habituel le prince de Polignac, président de son conseil. Le roi et son ministre y étaient à genoux non loin l'un de l'autre, et tellement absorbés dans une sorte d'extase, que leur attention ne fut nullement attirée par le bruit fort discret d'ailleurs du duc de Guiche. Celui-ci se retira comme il était entré, et ce dévoué serviteur du roi, dont le bon sens repoussait toute idée d'un coup d'état, faisait le soir même, dans le salon du duc Decazes, confidence des inquiétudes que fortifiait en lui la vue de la prière muette dont il avait été par hasard le témoin. — (*Documens inédits communiqués à l'auteur.*)

Angleterre, en passant par la Normandie. Il ajouta
que, voulant le placer sous la protection d'un homme
sûr, éprouvé et dévoué à la cause royale, il lui avait
choisi pour compagnon, durant le trajet qui sépare
Trianon de la Manche, le comte de Semallé, un de
ses amis personnels, qui avait accepté cette périlleuse mission. M. de Semallé [1], ancien page de
Louis XVI, gentilhomme honoraire du roi Charles X,
mêlé à la plupart des événemens qui avaient marqué
les deux restaurations, mais vivant depuis longtemps
loin de la cour, était accouru auprès du roi à la
première nouvelle des périls qui menaçaient la couronne.

On avait utilisé d'abord son dévoûment, en l'envoyant à Évreux, afin qu'il en ramenât les régimens
de la garde en garnison dans cette ville. M. de
Semallé s'était acquitté de cette mission; puis, après
en avoir rendu compte à Charles X, et lui avoir appris
que ces régimens avaient dû s'arrêter à Saint-Germain, le pont de Neuilly se trouvant au pouvoir de
l'émeute, il était allé, conformément aux désirs du roi,
attendre à Versailles qu'il convînt à ce dernier de
recourir de nouveau à son zèle. Le 31 juillet, il se

1. Né à Mamers en 1772, mort en 1863. On trouvera aux pièces
historiques n° 2 une curieuse notice sur M. de Semallé.

trouvait dans cette ville, dans une maison du boulevard de la Reine[1], quand il apprit que la cour venait d'opérer sa retraite sur Trianon. Pensant alors qu'il valait mieux faire spontanément acte de présence que d'attendre, au cours d'un si grand désastre, des ordres qui ne viendraient pas, il gagna le parc et parvint, après bien des difficultés, à s'introduire dans le palais. Retiré dans une galerie, il cherchait une occasion de se présenter au roi, quand une porte s'ouvrit et Charles X parut, uniquement préoccupé, en ce moment, du désir de sauver ses ministres.

« C'est moi qui ai voulu les ordonnances, disait-il, je dois en subir seul les conséquences. Je n'aurai de repos que lorsque je saurai les ministres en sûreté. Semallé, pouvez-vous vous charger de Jules? »

Le comte de Semallé répondit affirmativement, mais en posant comme condition que le prince de Polignac se livrerait complétement à lui.

« Cela va sans dire, » répondit le roi.

Quelques instans après, le président du conseil étant entré dans la salle où se passait cette scène, Charles X le présenta à M. de Semallé qui entraîna

1. Chez la marquise de Campigny, née de Fénelon.

sur-le-champ l'homme dont il avait promis d'assurer le salut. En quittant le cabinet du souverain, M. de Polignac rencontra M. de Guernon-Ranville, et lui dit :

« Je viens de voir votre mémoire entre les mains du roi, nous allons à Tours. »

Puis, ayant pris à la hâte congé de lui, il s'éloigna; il ne devait plus le retrouver qu'au donjon de Vincennes. MM. de Montbel, d'Haussez et de Peyronnet partirent de leur côté sans faire connaître leurs projets. On sait qu'ils allèrent jusqu'à Rambouillet. Quant à M. de Guernon-Ranville, à qui l'avis de M. de Polignac avait rendu quelque espérance, il se décida à cheminer au moins jusque dans cette ville, à la suite de Charles X, dont on apprêtait le départ. M. de Chantelauze, partageant ses sentimens, se joignit à lui; mais, tandis qu'ils cherchaient à prendre place dans une des voitures de la cour, un général accourut vers eux et leur reprocha de compromettre le roi par leur présence. Ils protestèrent vivement contre ces reproches, et, sans en tenir compte, se réunirent au long cortége qui partit à cinq heures du soir.

1. *Documens inédits communiqués à l'auteur.*

Leur collègue, le baron Capelle, monta dans la voiture où ils se trouvaient. Loin de s'associer à leurs dernières illusions, il leur fit connaître que le roi, conservant l'espoir de négocier avec Paris, estimait que, dans l'intérêt des négociations aussi bien que pour eux-mêmes, il était désirable que les signataires des ordonnances ne demeurassent pas auprès de lui. L'expression de ce désir équivalait à un ordre auquel les anciens ministres n'avaient qu'à se conformer. Ils se séparèrent de la famille royale, à dix heures du soir, au moment où elle arrivait au château de Rambouillet, première étape de l'exil dont la route se rouvrait devant elle et d'où, deux jours plus tard, elle devait se diriger vers Cherbourg, sous la protection des trois commissaires désignés par le nouveau gouvernement pour l'accompagner jusqu'à sa sortie de France.

VII.

Nous devons suivre maintenant M. de Polignac et ses collègues à travers les péripéties de leur fuite. Les rumeurs qu'ils avaient recueillies, les symptômes qu'ils avaient constatés en passant à Versailles et sur la route de Trianon à Rambouillet ne leur permettaient pas de se faire illusion sur la gravité des périls qui les menaçaient. Partout où la révolution exerçait son influence, partout où les insurgés de Paris comptaient des approbateurs et des complices, les derniers ministres de Charles X étaient l'objet de l'animadversion générale; autant dire que, par toute la France, on maudissait leur politique funeste, on flétrissait leur nom.

Les contemporains de ces temps agités se souviennent encore des injures et des menaces par lesquelles se traduisait l'exaspération publique. Les royalistes de toutes nuances, les plus violens comme les plus

modérés, accusaient les membres du cabinet du
8 août d'avoir perdu la monarchie par leur imprévoyance et par leur faiblesse. Les libéraux leur reprochaient les ordonnances et entendaient les rendre
responsables du sang versé. On annonçait leur mise
en accusation et, pour châtier leur conduite, la peine
de mort ne paraissait pas trop rigoureuse. C'est surtout contre le prince de Polignac que la haine populaire était exaspérée, s'augmentant de la vieille
impopularité de sa famille et enveloppant dans ses
manifestations bruyantes les hommes politiques associés à son œuvre.

En présence de ces dangers par lesquels ils étaient
directement menacés et dont chacun des jours suivans devait leur apporter une preuve nouvelle, il ne
restait aux anciens ministres d'autre ressource que la
fuite. Pour trois d'entre eux, elle fut couronnée de
succès. M. d'Haussez traversa la Normandie sans être
reconnu, parvint à gagner Dieppe, d'où une barque de
pêcheur le conduisit en Angleterre. Quand Charles X
débarqua sur le sol britannique, M. d'Haussez s'y
trouvait déjà, et tandis que la police française le
cherchait aux environs de Bordeaux, il présentait ses
hommages au souverain exilé.

MM. de Montbel et Capelle, après une aventure

tragi-comique au château de Baville, commune de Saint-Chéron, dans le département de Seine-et-Oise, qui appartenait à M. de Saulty, receveur-général à Versailles, obligés par le souci même de leur sûreté à se laisser ramener vers Paris [1], purent néanmoins se soustraire à une sollicitude qui, sous prétexte de les sauver, les exposait aux périls les plus redoutables. Le premier atteignit la frontière allemande, qu'il franchit, et alla se fixer à Vienne, d'où, le 21 juillet suivant, après la condamnation qui l'avait frappé par contumace, il adressa au président de la chambre des pairs une longue protestation. Le second resta caché pendant quelques jours chez le curé de Lonjumeau ; puis il se dirigea vers Calais, voyageant dans la voiture d'un marchand de volailles. A Calais, il prit place sur un bateau en partance pour Douvres. Au moment où ce bateau allait s'éloigner du quai, le gendarme chargé de vérifier les papiers des passagers, n'ayant pas trouvé les siens en règle, voulut l'arrêter. M. Capelle menaça et pria, et le gendarme, pris de pitié ou intimidé, consentit à le laisser partir [2].

Les autres ministres furent moins heureux que

1. Voir aux pièces historiques, n° 3.
2. Nous devons ces renseignemens à la famille du baron Capelle.

leurs collègues. En quittant Rambouillet, M. de Peyronnet, soit qu'il espérât retrouver le roi à Tours et
voulût l'y devancer, soit qu'il eût formé le dessein
de se rendre à Bordeaux, sa ville natale, s'était dirigé
vers Chartres. Là, il parvint à se procurer une voiture et des chevaux, et partit aussitôt pour le chef-
lieu du département d'Indre-et-Loire, où il arriva
dans la matinée du 2 août.

Malheureusement pour lui, depuis quarante-huit
heures cette ville, qu'il croyait paisible et fidèle aux
Bourbons, s'était prononcée pour la révolution.
Impuissant à réprimer le mouvement, le général
Donnadieu, commandant la division militaire, avait
dû s'enfuir pour échapper aux poursuites dont il était
l'objet. Maîtresse de tous les pouvoirs, la garde nationale le recherchait activement, exerçant de tous
côtés une surveillance rigoureuse, interrogeant les
voyageurs et opérant aux barrières des perquisitions
dans toutes les voitures.

Dès qu'il connut ces nouvelles, M. de Peyronnet
voulut revenir sur ses pas; mais c'était trop tard. Sa
chaise de poste avait été signalée. Sur l'avenue de
Grandmont, la portière fut brusquement ouverte par
le garde champêtre de la petite commune de Saint-
Étienne-extra, qui a été réunie depuis à la ville de

Tours. L'agent de la force publique voulut voir les papiers de ce voyageur mystérieux et pressé, dans lequel il devinait un grand personnage politique fugitif. M. de Peyronnet exhiba un passeport que M. Capelle lui avait remis à Trianon, mais dont le garde champêtre contesta la régularité. Des passans s'étaient attroupés ; l'un d'eux déclara qu'il fallait conduire l'inconnu à la poste aux chevaux, et M. de Peyronnet dut se résigner. On le fit entrer dans l'habitation du maître de poste, où un habitant de Tours, ancien magistrat destitué sous son ministère, le reconnut, et, obéissant à un sentiment de vengeance dont dans un tel moment se serait gardée une âme généreuse, osa le dénoncer.

L'ancien ministre ne chercha pas à nier son identité. Il subit à la maison d'arrêt un interrogatoire sommaire, à la suite duquel il fut gardé à vue dans l'infirmerie de la prison, tandis que les autorités récemment installées annonçaient à Paris la nouvelle de son arrestation et demandaient des ordres, afin de savoir ce qu'elles devaient faire du prisonnier [1].

A la même heure, MM. de Chantelauze et de Guernon-Ranville, ignorant les événemens, s'étaient mis

1. C'est à Tours que nous avons recueilli le récit de l'arrestation de M. de Peyronnet.

en route pour Tours, convaincus que là viendrait se reconstituer le pouvoir royal et que leur présence pourrait être utile à Charles X, s'il se décidait à résister à la révolution.

Partis de Rambouillet dans la matinée de la veille, après avoir passé la nuit dans une mauvaise auberge, ils s'étaient rendus à Chartres à pied, faute d'avoir pu trouver un véhicule. M. de Guernon-Ranville était porteur du passeport d'un employé du château de Saint-Cloud, nommé Barbier, qui correspondait avec exactitude à son signalement. M. de Chantelauze avait rempli lui-même d'un faux nom un passeport en blanc, qu'il déchira ensuite, n'osant s'en servir. Les deux anciens ministres, détail assez piquant, étaient encore en frac, et c'est à Chartres seulement qu'ils purent se procurer des vêtemens mieux appropriés à leur nouvelle et triste situation. Le trajet de Rambouillet à Chartres, bien qu'il n'y ait entre les deux villes qu'une distance de huit lieues, leur prit quatorze heures. M. de Chantelauze, souffrant et frêle, ne marchait qu'avec lenteur. M. de Guernon-Ranville, à qui sa robuste santé et la vigueur de son âge eussent permis de se sauver aisément, s'il eût été seul, se refusait à l'abandonner.

Durant cette longue route, ils recueillirent plus

d'un témoignage de l'exécration à laquelle était voué dès ce moment le ministère dont ils avaient fait partie. Ils purent comprendre que c'en était fait de la royauté, et n'eurent plus de doute à cet égard quand le lendemain, dans la mauvaise voiture qui les conduisait de Châteaudun à Tours, un voyageur leur décrivit l'état des esprits dans cette ville. Ce qu'ils apprirent à ce sujet les détermina à ne pas y entrer sur-le-champ. Ils abandonnèrent leur véhicule à la porte des faubourgs où ils avaient résolu de coucher.

La nuit était déjà venue. En cherchant une auberge, ils s'égarèrent et se trouvèrent tout à coup auprès d'un petit village qui se nomme La Membrolle et que traverse la route du Mans. Presqu'en même temps, ils furent entourés par une demi-douzaine de paysans armés qui veillaient autour de leurs demeures, afin d'en éloigner les incendiaires dont les récens exploits dans les départemens voisins avaient dicté aux populations rurales du centre de la France des mesures de prudence et de sûreté.

M. de Chantelauze étant hors d'état d'opposer aucune résistance, M. de Guernon-Ranville se résigna à le suivre chez le maire, qui les interrogea. Satisfait des explications du premier, qui prétendait être un colporteur de Bordeaux, parti de Paris sans

avoir pu se procurer des papiers, satisfait également
du passeport du second, le magistrat municipal allait
les laisser continuer leur route; mais ceux qui les
avaient arrêtés furent d'avis qu'il convenait de les
conduire à Tours le lendemain, et le maire donna
son adhésion à ce projet. L'arrestation de M. de Peyronnet, sur lequel, disait-on, on avait saisi « une
charge de billets de banque », et dont ses collègues
apprirent en ce moment la nouvelle devenue publique, avait rendu les paysans défians et craintifs. Ils
veillèrent toute la nuit autour de l'auberge où étaient
enfermés les voyageurs suspects, qui durent dès lors
renoncer à toute velléité d'évasion.

Le lendemain, ils furent séparés en arrivant à
Tours. M. de Guernon-Ranville, fort d'un passeport
parfaitement en règle, protesta avec la dernière énergie contre son incarcération en réclamant sa mise en
liberté. Soumis à un long interrogatoire, il avait été
assez heureux pour convaincre de son innocence le
substitut du procureur du roi, et ordre était donné
d'ouvrir la porte de sa prison quand tout à coup con-
tre-ordre arriva.

M. de Chantelauze, accablé par la fatigue et enfermé avec des malfaiteurs, moins patient que M. de
Guernon-Ranvillle, venait de se nommer, afin d'obte-

nir qu'on le traitât avec les égards dus à son rang. Dès lors, on renonça à laisser partir son compagnon, qui persista néanmoins à se donner pour le sieur Barbier et qui ne fut reconnu comme étant l'ancien ministre de l'instruction publique que vers le 15 août.

Les trois ministres arrêtés à Tours y furent, jusqu'au moment de leur départ, l'objet de la détention la plus rigoureuse. M. de Montmarie, beau-fils de M. de Guernon-Ranville, M. de Villeléon, gendre de M. de Peyronnet, arrivés dès que la nouvelle de l'arrestation avait été connue, un sieur Durand, venu aussi pour voir l'ancien ministre de l'intérieur, n'obtinrent qu'à grand'peine la permission de leur parler; puis, après deux entrevues avec les prisonniers, en présence des geôliers ou de gardes nationaux, ils reçurent l'ordre de quitter la ville.

Ces mesures étaient motivées moins par les exigences d'une surveillance sévère que par la nécessité de pourvoir à la sûreté des anciens conseillers de Charles X. La population de Tours était exaspérée contre eux. Chaque jour, des attroupemens se formaient autour de la prison, située à l'extrémité de la rue Royale, du côté de la Loire, et les autorités avaient hâte de voir finir un état de choses éminem-

ment périlleux. Il existe dans le dossier qui est sous
nos yeux[1] plusieurs lettres de M. d'Entraigues,
nommé préfet d'Indre-et-Loire le 5 août, en remplacement du comte de Juigné, qui réclament avec
instance du ministre de l'intérieur la translation des
prisonniers à Paris. Le 24 août, M. Guizot annonçait
une prompte solution, et enfin, dans la nuit du 25 au
26, à deux heures et demie du matin, une grande
diligence, escortée par des gardes nationaux et des
gendarmes que commandait le capitaine Gillet, sous
les ordres de deux commissaires spéciaux, MM. Foy
et Vaudet, chargés par le gouvernement de veiller à
la sécurité des anciens ministres, les emportait vers
Paris. M. de Chantelauze avait pris place dans le
coupé, M. de Peyronnet dans l'intérieur, M. de
Guernon-Ranville dans la rotonde.

Le trajet s'effectua sans incident, si ce n'est à
Chartres, où un rassemblement d'exaltés menaça un
instant les voyageurs. Partout ailleurs, les manifestations se bornèrent aux cris de « A bas Polignac! »
Enfin le vendredi 27, à cinq heures du matin, la
diligence arrivait à Vincennes, en longeant les boulevards extérieurs.

1. Archives nationales.

Le général Daumesnil [1], soldat énergique, humain et loyal, amputé d'une jambe, illustré par maints faits d'armes, commandait, comme gouverneur, le château de Vincennes, qu'il avait défendu deux fois, en 1814 et en 1815, contre les armées alliées, répondant alors à ceux qui lui proposaient de rendre la place : « Je rendrai Vincennes quand on me rendra ma jambe, » ou encore, quand le feld-maréchal Blücher lui offrait de payer la reddition au prix de 3 millions : « Je ne vous rendrai pas la place, mais je ne vous rendrai pas non plus votre lettre. A défaut d'autres richesses, elle servira de dot à mes enfans. » C'est à cet homme éprouvé que le roi Louis-Philippe avait voulu confier la garde d'une prison contre laquelle la présence des anciens ministres allait ameuter les fureurs populaires. Le général reçut les nouveaux arrivans avec les égards dus à leur infortune, les installa dans les logemens qu'ils devaient occuper, et où un huissier de la chambre des pairs vint ensuite leur signifier un ordre d'écrou.

1. Né à Périgueux en 1777, mort en 1832.

VIII.

Dans cette même matinée du 27 août, le prince de Polignac, arrêté le 15 à Granville, au moment où il se préparait à passer à Jersey, fut également écroué à Vincennes. Ses tentatives pour échapper aux poursuites dirigées contre lui n'avaient pas été plus heureuses que celles de ses anciens collègues, que l'accusation appelait déjà des complices[1]. Ainsi

1. En essayant de reconstituer les circonstances de sa fuite, soit à l'aide de renseignemens verbaux ou de relations écrites, soit à l'aide des documens déposés aux archives du département de la Manche, nous avons rencontré plusieurs versions assez différentes les unes des autres, sinon contradictoires. Nous les avons comparées, et nous croyons être parvenu, en les coordonnant entre elles, à en faire jaillir la vérité. Nous la devons en grande partie aux renseignemens qui nous ont été fournis par M. le comte de Semallé, fils de celui à qui Charles X avait confié le prince de Polignac. Ces renseignemens dont l'authenticité ne saurait être mise en doute rendent absolument invraisemblable la version adoptée par M. de Lamartine et d'après laquelle l'ancien président du conseil aurait traversé la Normandie insurgée sur le siége de la voiture de Mme de Mortfontaine et déguisé en domestique.

qu'on l'a vu, il avait quitté Trianon le 31 juillet, sous la sauvegarde du comte de Semallé à qui le roi l'avait confié. Marchant à cent pas derrière lui, il entra dans une maison de la rue de Maurepas où il le vit entrer, et c'est là qu'il attendit pendant que son guide procédait aux préparatifs du départ. M. de Semallé avait gardé à sa disposition une voiture du ministère de la guerre, avec laquelle il s'était rendu à Évreux pour une mission militaire. C'est dans cette voiture et avec des chevaux de poste que le prince de Polignac et son compagnon quittèrent Versailles. Au moment où ils se mettaient en route, M. le comte de Semallé dit au ministre :

« Êtes-vous décidé à vous défendre? Pour moi je suis résolu, si nous sommes attaqués, à défendre chèrement ma vie.

— Et moi, je vous défendrai, » répondit simplement M. de Polignac.

Une relation que nous avons sous les yeux [1] nous a permis de suivre étape par étape le voyage des deux fugitifs. Elle nous révèle en même temps les perplexités et les angoisses de M. de Semallé. Il avait accepté sans hésiter la mission périlleuse de sauver le plus compromis des ministres de Charles X; mais

____

1. Elle est extraite des Mémoires inédits du comte de Semallé.

comment la remplir? Sur quel point des côtes de la Manche aller prendre la mer pour passer en Angleterre? Il résolut d'abord de se rendre à Caen, puis il dut modifier ce plan, en raison de circonstances que nous allons raconter.

En quittant Versailles, l'ancien président du conseil ayant manifesté le désir de s'arrêter à son château de Millemont, sur la route de Dreux, où sa femme devait déjà s'être rendue, M. de Semallé, convaincu que ce désir était gros de dangers, prit, sans en tenir aucun compte, le chemin de Chartres. Il ne fut pas plus traitable à Rambouillet, où M. de Polignac voulait attendre le roi, et, ordonnant au postillon de s'engager dans des chemins de traverse, il se dirigea vers le château de Pinceloup, appartenant à M. de Lammerville. Le propriétaire était absent; les fugitifs furent néanmoins bien reçus chez lui, purent s'y reposer et en repartirent à trois heures du matin. Ce fut là leur première étape. Ils voyagèrent pendant toute la journée du lendemain, non sans être exposés à de périlleuses aventures. Au Gué-de-Longroy, des émissaires de la nouvelle révolution, à qui fort heureusement M. de Polignac était inconnu, voulurent s'emparer de leurs chevaux; l'énergie de M. de Semallé eut seule raison de leur prétention.

A la poste de Chartres, plus de trente voitures étaient dételées faute de chevaux. Là encore, l'habileté du guide de M. de Polignac éloigna de ce dernier les dangers qu'un arrêt prolongé aurait attirés sur lui. Le prince n'était pas rassuré cependant, car, ayant constaté qu'il avait encore dans ses poches plusieurs petites clés des ministères des affaires étrangères et de la guerre, il crut prudent de s'en débarrasser et les jeta une à une dans les champs couverts de moissons. Enfin, après diverses péripéties analogues et une station au château des Feugerets, appartenant à un cousin de M. de Semallé, on arriva à minuit au château de la Gastine, résidence de ce dernier, à deux lieues de Mamers. On avait traversé vers dix heures du soir cette ville, au grand galop, non sans attirer l'attention de nombreux promeneurs retenus hors de leurs demeures par la beauté du soir ou par la gravité des événemens. M. de Polignac n'avait pas été reconnu, et c'était là l'essentiel.

Jusqu'à ce moment, M. de Semallé avait caché soigneusement, même aux personnes desquelles il recevait l'hospitalité, le nom de son compagnon. C'était, disait-il, M. Pierre Perrot [1], le précepteur de ses enfans. Quand, après avoir renoncé à se rendre à

1. Le linge du premier était marqué P. P.

Caen, par suite de l'impossibilité de se procurer des passeports, comme on le verra plus loin, il se dirigea sur Avranches, il fit du prince M. Perrot de Chazelles, un de ses amis, ancien maréchal des logis des gardes du corps de Monsieur et gentilhomme ordinaire du roi, qui désirait acquérir une partie de ses propriétés. Mais il n'avait pas à cacher la vérité à la comtesse de Semallé, qui d'ailleurs avait vu M. de Polignac. Prévenue par son mari, la comtesse feignit de ne pas reconnaître l'hôte qui lui était amené, et se le laissa présenter comme si elle se trouvait en sa présence pour la première fois.

« Ah! monsieur, lui dit-elle, quand ils furent seuls, dans quelle position vous nous avez mis!

— Madame, la question n'est pas résolue, répondit avec conviction M. de Polignac : la position est peut-être bien meilleure que vous ne croyez. Ce n'est pas nous qui avons déchiré la Charte, mais ceux qui se sont révoltés contre l'autorité du roi. C'est eux qui l'ont détruite, cette Charte, et maintenant la table est rase. »

Ce langage révélait les singulières illusions qu'il se faisait encore au moment même où sa fuite démontrait jusqu'à la dernière évidence que la monarchie était condamnée, et l'espoir qu'il ne cessait de caresser, de ressaisir le pouvoir et de l'exercer, débarrassé enfin de cette Charte, en haine de laquelle il avait imprudemment provoqué une révolution.

Le château de la Gastine fut la seconde étape de la fuite. On en partit dans l'après-midi, après avoir attendu vainement des feuilles de passeports que M. de Semallé avait envoyé quérir à Mamers. On voyagea jusqu'au soir, et tandis que M. de Polignac passait la nuit au château de Saint-Paterne, à une courte distance d'Alençon, M. de Semallé se rendait seul dans cette ville, afin de se procurer ces passe-ports indispensables. Malheureusement, il n'eut pas même la possibilité de chercher à les obtenir. Alençon était en pleine révolution, la municipalité venait d'être renouvelée, et M. de Semallé ne revint à Saint-Paterne que vers quatre heures du matin, après avoir eu beaucoup de peine à se soustraire à des dangers personnels. Il tourna la ville d'Alençon, passant la Sarthe en amont, et s'arrêta à Semallé où il changea son itinéraire. Il résolut de prendre la route d'Avranches. Possédant près de cette ville la terre de Ducey, il pouvait invoquer la nécessité de se rendre dans ses propriétés. L'abbé Le Pelletier, curé de Semallé, lui donna un guide qui conduisit les voyageurs à travers la forêt d'Éconnes, à Livaye,

dont le desservant était l'oncle de M. Le Pelletier :
de là ils allèrent passer leur quatrième nuit au château du Champ-de-la-Pierre, chez M. de Basmont
dont la petite-fille, mariée à un membre de la famille
d'Andigné, y réside actuellement. M. de Semallé
se donna comme chargé d'une mission près de
Charles X, en route en ce moment pour Cherbourg.
Le lendemain, — c'était le vendredi 6 août, — M. de
Basmont donna aux voyageurs ses chevaux, une
voiture et un guide, et le soir, ils couchaient au
château de Saint-Symphorien, chez le marquis de
Bourgblanc d'Apreville, à quelques lieues d'Avranches. Après avoir pris un repos nécessaire, ils se
mirent en route pour la terre de Ducey, dont le
compagnon de M. de Semallé était censé vouloir
acheter une partie. Le samedi, dès le matin, M. de
Polignac, présenté sous le nom de M. Perrot de
Chazelles, se rendit, accompagné d'un notaire, sur
les terrains que M. de Semallé devait lui vendre,
tandis que ce dernier allait aux renseignemens,
afin de s'informer des moyens de faire embarquer
l'homme que le roi avait confié à sa garde.

Il y avait alors, établie aux environs d'Avranches,
dans une commune appelée Saint-Jean-le-Thomas,
la veuve du général de la Martinière. Une de ses

amies, la marquise de Saint-Fargeau [1], se trouvait en ce moment en visite chez elle. Le comte de Semallé eut le pressentiment que ces deux femmes se feraient volontiers ses complices pour sauver M. de Polignac. Il alla les trouver et l'accueil qu'il reçut d'elles le décida à leur avouer le véritable nom de son compagnon. Il ne s'était pas trompé dans ses conjectures ; il eut à peine prononcé ce nom que ces dames se déclarèrent prêtes à le seconder pour réaliser les intentions du roi. Mais, comme seules elles ne pouvaient rien, elles se décidèrent, avec l'assentiment de M. de Semallé, à mettre le curé de Saint-Jean-le-Thomas dans la confidence de leurs perplexités ; en lui cachant toutefois, du moins dès l'abord, la qualité de M. de Polignac et en le faisant passer pour un haut personnage ecclésiastique compromis dans les derniers événemens. Un plan fut alors arrêté et exécuté le lendemain di-

---

1. Elle était la belle-sœur de Louis-Michel Le Pelletier de Saint-Fargeau, député de l'Yonne à la Convention, et de Félix Le Pelletier de Saint-Fargeau, également partisan de la révolution. Elle avait épousé leur frère, qui ne partageait à aucun degré leurs opinions politiques. C'est cette femme que, dans son récit, M. de Lamartine a appelée Mᵐᵉ de Mortfontaine et a pris pour la fille du conventionnel, qu'après la mort de son père, assassiné dans un restaurant du Palais-Royal par l'ancien garde du corps Pâris, la nation avait adoptée.

manche 8 août. Dès le matin, M. de Polignac sortit,
comme s'il voulait faire une promenade, tandis que
M. de Semallé, qui avait annoncé l'intention de se
rendre à Saint-Lô, afin de s'y rencontrer avec
Charles X, partait à cheval. A quelque distance de
Ducey, il prit M. de Polignac en croupe, et le
conduisit à un rendez-vous indiqué par avance en
pleins champs. A ce rendez-vous, attendait un ecclésiastique, professeur au collége d'Avranches, qui
s'était chargé, la veille, de conduire le personnage
dont il ignorait le nom au presbytère de Saint-Jean-
le-Thomas. Là, le prince prit congé de son courageux guide. Le comte de Semallé revint alors à
Ducey, où il raconta que M. Perrot de Chazelles
s'était rendu à Saint-Lô à sa place, ce qui ne l'empêcha pas de partir lui-même quelques heures plus
tard pour cette ville, où, comme il l'avait espéré, il
put voir Charles X.

« Et Jules, qu'en avez-vous fait? lui demanda le
roi.

— Il doit être actuellement à Londres, sire; moi
j'aurais eu le temps de faire deux fois le voyage
d'aller et de retour. Je l'ai laissé aux bords de la
mer. »

Deux jours après, s'étant rendu à Granville et n'en-

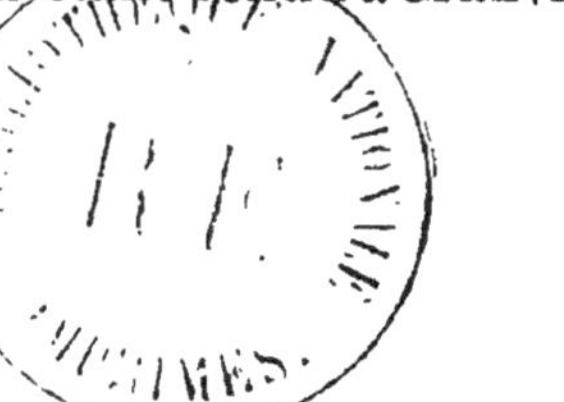

7

tendant faire aucune allusion à un départ de bateau, il conçut pour la première fois la crainte que M. de Polignac ne fût pas parvenu à s'embarquer. Il se rendit sur-le-champ à Saint-Jean-le-Thomas, chez Mᵐᵉ de La Martinière où Mᵐᵉ de Saint-Fargeau le reçut et parut fort effrayée de le voir.

« Non, M. de Polignac n'est pas parti, répondit-elle à ses questions. Il est caché à une lieue d'ici chez un ecclésiastique. Demain, je dois le rejoindre et le conduire à Granville où il s'embarquera. »

Elle ajouta qu'elle avait fait venir de Caen des passeports et, en terminant, supplia M. de Semallé de ne pas rester plus longtemps auprès d'elle, sa présence pouvant éveiller des soupçons. Mais l'heure était avancée, la nuit venue et M. de Semallé, qui n'avait ni cheval ni voiture, allégua l'impossibilité de rentrer à pied à Avranches. On dut donc lui offrir l'hospitalité; mais quelle ne fut pas sa surprise quand, dans le jardin assombri par le crépuscule, un homme ayant passé près de lui, il reconnut M. de Polignac, qui d'ailleurs disparut si vite qu'il ne put lui adresser la parole. Il pouvait croire encore qu'il s'était trompé. Mais lorsqu'il fut couché au presbytère où l'hospitalité lui avait été offerte, il entendit dans une chambre à côté de la sienne la voix de l'ancien ministre qui donnait des ordres à la personne qui le servait.

Au matin, il vit Mme de Saint-Fargeau ; elle partait pour Granville. Il l'accompagna malgré elle et dut, pour lui obéir, avoir l'air de ne pas la connaître. Au retour, il manifesta le désir de la suivre jusqu'à Saint-Jean. Elle n'y fit d'abord aucune objection. Mais, à l'entrée du chemin qui mène de la route de Granville à Avranches à Saint-Jean-le-Thomas, elle lui déclara qu'elle ne pourrait le recevoir, qu'il devait continuer son voyage vers Avranches, et ne pas entraver par sa présence les démarches auxquelles elle se livrait pour assurer le départ de M. de Polignac. Elle fit même allusion à la responsabilité que M. de Semallé assumerait s'il ne se conformait pas à sa volonté.

« Eh ! madame, s'écria alors ce dernier, je sais fort bien que M. de Polignac est au presbytère de Saint-Jean-le-Thomas, je ne sais pourquoi vous me l'avez caché ; mais, puisque vous parlez de responsabilité, permettez-moi de vous laisser celle d'une situation que je n'ai pas créée et à laquelle je ne comprends rien. »

Il prit congé d'elle sur ces mots, continua son chemin vers Avranches et sa terre de Ducey, d'où il repartit bientôt. C'est à Argentan qu'il apprit l'arrestation de M. de Polignac. Ainsi, après avoir courageusement accompli sa mission et remis l'ancien ministre en des mains qu'il croyait sûres, il avait la douleur de voir échouer ses efforts.

Que s'était-il donc passé après son départ pour Saint-Lô et quelles raisons avaient retenu le fugitif sur le continent et au presbytère de Saint-Jean-le-Thomas, du 8 au 15 août ? La relation du comte de Semallé, d'après laquelle nous avons rédigé le récit de la fuite de M. de Polignac, ne répond pas à cette question et nos recherches pour la résoudre sont restées infructueuses. Ce qui paraît certain, c'est que plusieurs personnes s'étaient intéressées au personnage inconnu que Mme de la Martinière et Mme de Saint-Fargeau cherchaient à faire fuir.

Parmi elles se trouvait M. Gaslonde, receveur principal des douanes à Granville. Il disposait, en raison de ses fonctions, de moyens exceptionnels. Il s'offrit à faire embarquer l'ancien président du conseil, et ce dernier accepta son offre. Il passa même une journée à la Faisanderie, petite terre appartenant à M. Gaslonde ; mais durant ces quelques heures, des défiances avaient commencé à s'éveiller contre celui-ci parmi la garde nationale de Granville : il se savait l'objet d'une surveillance spéciale ; il craignit de perdre le prince de Polignac au lieu de le sauver, et renonça à intervenir.

D'autre part, sur un avis venu de Paris, M. de Polignac avait manifesté le dessein de se rendre à Cherbourg. Toutefois, il dut y renoncer, car les populations normandes étaient partout soulevées par la nouvelle du passage prochain de Charles X, qui venait d'arriver à Argentan, et gardaient rigoureusement les routes que leur colère rendait particulièrement dangereuses pour l'homme dont en ce moment la France entière maudissait le nom. C'est sans doute alors qu'il revint à Saint-Jean-le-Thomas et que, de plus en plus inquiète pour la sûreté de leur hôte, Mme de La Martinière et Mme de Saint-Fargeau recoururent de nouveau au curé de Saint-Jean. Cet ecclésiastique comptait justement parmi ses amis un sieur Leclère, ancien officier de marine, maître de port à Granville, propriétaire d'une terre voisine de l'habitation de Mme de La Martinière, avec qui il entretenait quelques rapports de voisinage, et chez laquelle il avait rencontré la marquise de Saint-Fargeau.

Le jeudi 12 août, M. Leclère reçut à Granville la visite du curé de Saint-Jean, venu auprès de lui afin de s'informer si quelque bateau devait partir prochainement pour Jersey. M. Leclère répondit que le

patron Jean Lemaître se proposait de faire le voyage
le mardi suivant, et voulut connaître le nom du
voyageur pour lequel le renseignement lui était demandé. Quand il sut qu'il s'agissait de l'amie de
Mme de La Martinière et qu'elle avait hâte de s'embarquer, il promit de la prévenir si quelque patron
du port partait plus tôt. Il se chargea même de faire
viser le passeport que le curé lui laissa, passeport
régulier délivré par le préfet du Calvados, et destiné
à la marquise et au valet de chambre qui voyageait
avec elle.

Le samedi, Mme de Saint-Fargeau vint elle-même
à Granville. C'est durant ce voyage qu'à son grand
déplaisir, comme on l'a vu, M. de Semallé l'accompagna. Conseillée et guidée par M. Leclère,
elle loua chez un aubergiste du port, le sieur Le
Pelletier, une chambre pour elle et un cabinet pour
son domestique, et à l'*Hôtel des Marchands*, une
écurie pour ses chevaux; puis elle retint deux
places, au prix de 6 francs chacune, sur le bateau
du sieur Lehodey, qui devait mettre à la voile le
lundi. Un autre patron, nommé Pannier, sollicité par
elle de prendre la mer le dimanche, avait demandé
60 francs qu'elle ne voulut pas donner, craignant
sans doute que l'acceptation de ce prix exagéré

n'éveillât les soupçons du batelier. Elle partit ensuite par la diligence qui l'avait amenée. M. de Polignac l'attendait à Saint-Jean-le-Thomas.

Elle revint à Granville, durant la nuit, dans une
voiture particulière dont il occupait le siége. Elle
s'installa avec lui chez l'aubergiste Le Pelletier. Mais
M. de Polignac sortit au lever du soleil et ne rentra
que le soir. A dix heures, M. Leclère ramena Mme de
Saint-Fargeau à l'hôtellerie. Elle avait passé la soirée chez lui, avec sa femme, personne spirituelle et
distinguée qui occupait dans la société granvillaise
une haute situation. Comme il venait de prendre
congé de la marquise, l'aubergiste Le Pelletier, qui
se trouvait sur la porte de son établissement avec
quelques personnes, lui dit :

« Je ne sais si cette dame s'appelle Mme de Saint-
Fargeau; mais, pour sûr, l'individu qui est avec elle
n'est pas un domestique, c'est plutôt un personnage
important. Il parle à merveille, il a des mains d'aris-
tocrate, il met des gants pour cirer les chaussures
de sa maîtresse; c'est peut-être Polignac.

— J'affirme que la dame est bien la marquise de
Saint-Fargeau, répliqua M. Leclère; quant au domestique, je ne le connais pas et je n'en peux répondre. »

Puis il s'éloigna.

Mais il n'était pas le seul à qui Le Pelletier eût fait part de ses doutes : bientôt, le bruit se répandit que le prince de Polignac était dans la ville. Vers minuit, une trentaine de gardes nationaux rassemblés autour de la maison menaçaient de l'arrêter. Le commissaire de police, arrivant à son tour, fut accueilli par ces mots :

« C'est Polignac! interrogez-le. »

Mme de Saint-Fargeau et M. de Polignac entendaient ces rumeurs de la chambre dans laquelle ils se trouvaient et où le commissaire se présenta bientôt. La marquise protesta contre les insinuations dont elle était l'objet, montra son passeport régulièrement visé ; mais quand le magistrat eut vu et interrogé le prétendu domestique, il fut frappé de sa distinction, de son accent, de son grand air, de tous les traits qui trahissaient chez M. de Polignac l'homme de vieille race et le personnage de cour. Il lui demanda son nom, et, comme le prince déclarait se nommer Pierre Pierrot et être bien réellement au service de Mme de Saint-Fargeau, le commissaire de police répondit :

« Je n'en crois rien ; vous n'avez pas de papiers, je suis obligé de vous arrêter. »

M. de Polignac passa la nuit à la maison d'arrêt,

tandis que Mme de Saint-Fargeau était gardée à vue dans sa chambre. Le lendemain ils furent interrogés l'un et l'autre, séparément, par le maire assisté de quelques notables. Leurs réponses n'ayant pas paru concordantes, il fut décidé que l'inconnu serait immédiatement dirigé sur Saint-Lô, accompagné par le maire, un officier de la garde nationale et deux gendarmes. Mme de Saint-Fargeau refusa de le quitter et partit avec lui. C'était le 16 août [1].

En arrivant à Saint-Lô, M. de Polignac fut conduit devant le procureur du roi et le juge d'instruction. Dès les premières questions que les magistrats lui adressèrent, il renonça à se cacher plus longtemps et se fit reconnaître. La commission départementale ordonna alors son incarcération, moins cependant pour se donner le temps de demander des ordres à Paris que pour protéger l'ancien ministre contre l'exaspération de la populace, dont la nouvelle de

1. Les curieux détails qu'on vient de lire sur les circonstances de l'arrestation du prince sont empruntés à une lettre dont l'original se trouve aux archives du département de la Manche et que M. Leclère écrivait le 16 août aux membres de la commission départementale, afin de protester contre les rumeurs qui, dès ce moment, l'accusaient d'avoir voulu favoriser l'évasion de M. de Polignac. Dans cette lettre, il affirme avec énergie qu'il ignorait la véritable qualité du prétendu domestique de la marquise de Saint-Fargeau.

son arrestation avait déchaîné la violence et qui poussait des cris de mort autour de sa prison.

Pour le soustraire à ces fureurs et jusqu'au moment où il partit pour Paris, les autorités se virent dans la nécessité de mettre sur pied la garde nationale et la garnison de Saint-Lô. Une lettre du maire au ministre de l'intérieur [1] nous révèle que, dans la nuit du 22 au 23 août, les jours de M. de Polignac furent sérieusement menacés. Un formidable incendie avait éclaté aux abords de la prison, et c'est lui que la foule accusait d'avoir causé ce sinistre, qui rappelait les incendies du mois précédent.

Dans la soirée du jour où il avait été arrêté, le prince de Polignac, ayant appris l'arrivée à Saint-Lô du maréchal Maison, du baron de Schonen et de M. Odilon Barrot, commissaires délégués par le nouveau gouvernement pour accompagner Charles X à Cherbourg, qui retournaient à Paris, leur mission accomplie, demanda à les voir, invoquant leur autorité pour obtenir d'être délivré. Ils se rendirent à son appel, traversant, pour arriver à lui, une foule irritée.

« Il n'existe contre moi aucun mandat de justice, leur dit-il. Pourquoi m'a-t-on arrêté? On ne peut

1. Archives du département de la Manche.

me retenir plus longtemps dans cette prison sans violer dans ma personne les droits de la liberté individuelle. »

Pour toute réponse, M. Odilon Barrot lui fit observer qu'en ce moment la prison seule protégeait sa vie contre les fureurs de la foule.

« Qu'ai-je donc fait pour mériter cette haine? demanda M. de Polignac. Dans le passé, j'ai obéi à des ordres sacrés pour moi; dans l'avenir, je n'ai d'autre désir que de me retirer à la campagne.

— Vous avez commandé le meurtre de vos concitoyens, répondit M. Odilon Barrot, non pour la défense des lois, mais pour leur violation flagrante. C'est un crime que le code pénal punit de mort. Vous n'avez pas de temps à perdre pour préparer votre défense et pourvoir à votre salut. »

Après un entretien durant lequel le prisonnier ne cessa de manifester l'étonnement de l'innocence persécutée, il proposa à M. Odilon Barrot de se charger de sa défense; mais celui-ci, qui venait d'être nommé préfet de la Seine, fut contraint de décliner l'offre de l'ancien président du conseil.

Avant de laisser s'éloigner les commissaires, le prince de Polignac écrivit au baron Pasquier, nouvellement promu à la présidence de la chambre des pairs, une lettre qu'il leur remit en les priant de la faire parvenir à son adresse. Dans cette lettre, il réclamait sa mise en liberté et invoquait le privilége réservé aux pairs par la Charte de 1815 et consacré par celle de 1830, de ne pouvoir être arrêté qu'en vertu d'une décision de la chambre dont ils faisaient partie. A lire cette requête empreinte de calme et de confiance, on pouvait croire que le prince de Polignac ne soupçonnait même pas la gravité de l'acte d'accusation que la France entière dressait déjà contre lui.

IX.

Tandis que ces incidens se déroulaient au fond de
la Normandie, enveloppés et perdus dans ce drame
solennel, la chute d'une dynastie qui venait de se
dénouer à Cherbourg, la France assistait, satisfaite
et triste à la fois, à une révolution que les uns sa-
luaient comme une aurore et que les autres déploraient en y voyant une source inépuisable de malheurs à venir. Le duc d'Orléans proclamé roi des
Français, la direction des affaires confiée à des
hommes nouveaux, l'avénement de la bourgeoisie au
pouvoir, devenu d'un espoir incertain un fait accompli, la Charte modifiée, tels étaient les traits principaux de cette révolution.

On était à la période aiguë de la crise quand, le
6 août, un député de la Seine, M. Eusèbe de Salverte [1],

1. Né à Paris en 1771, mort en 1839.

se faisant l'organe des passions qui devaient agiter longtemps encore la patrie française, déposait sur le bureau de la chambre une proposition ainsi conçue : « La chambre des députés accuse de haute trahison les ministres signataires du rapport au roi et des ordonnances du 25 juillet 1830. »

Le 13 août, il développait cette proposition avec une extrême violence et la faisait prendre en considération à l'unanimité des votans. Enfin, le 20 août, la commission à laquelle l'examen en avait été confié sollicitait et obtenait, après un vif débat, « d'être investie du pouvoir conféré par le code d'instruction criminelle aux juges d'instruction et aux chambres de mises en accusation, » c'est-à-dire d'interroger les prévenus, de citer et d'entendre les témoins, de décerner des mandats d'amener, de dépôt et d'arrêt.

Peu de jours après, la lettre du prince de Polignac au baron Pasquier arrivait à la chambre des pairs, en même temps qu'un avis officiel du garde des sceaux, annonçant que l'ancien président du conseil et le comte de Peyronnet étaient détenus, l'un à Saint-Lô, l'autre à Tours. Cet avis ne faisait mention ni de M. de Guernon-Ranville, ni de M. de Chantelauze, parce qu'ils n'appartenaient pas à la chambre haute. En ce qui concernait M. de Peyron-

net, l'assemblée estima que, dépossédé de la pairie
par l'article 78 de la nouvelle Charte, en même temps
que ses collègues nommés par Charles X, il ne jouissait plus du privilége des pairs, qu'en conséquence
elle n'avait pas à délibérer sur son sort avant d'avoir
été constituée en cour judiciaire.

Quant à M. de Polignac, considérant qu'il avait été
arrêté et détenu sur la « clameur publique » qui le
poursuivait, elle pensa qu'il résulterait pour elle une
lourde responsabilité si elle refusait de maintenir la
détention, d'autant plus qu'elle était « officiellement
prévenue de la mise en accusation proposée par la
chambre des députés et que personne ne pouvait
avoir la pensée de se dérober à un aussi grand accusateur. » Pour ces motifs, la chambre des pairs autorisa l'arrestation du prince de Polignac. C'est à la
suite de ces décisions qui préludaient au retentissant
procès des derniers ministres de Charles X qu'ordre
fut expédié à Saint-Lô et à Tours de les transférer à
Paris, où ils arrivèrent, comme on l'a vu, dans la
matinée du 27 août 1830.

Aussitôt après leur arrivée au château de Vincennes, transformé pour la circonstance en annexe
de la prison de la Force, les anciens ministres furent
déposés dans le pavillon de la reine, où on ne les

laissa que quelques heures, sans leur permettre de communiquer entre eux. En entrant dans une des salles de ce pavillon, M. de Guernon-Ranville s'étant approché d'une croisée ouverte sur la forêt, le général Daumesnil, qui se trouvait à ses côtés, lui dit :

« Ne vous montrez pas trop, monsieur; une balle pourrait bien vous venir du dehors. »

M. de Guernon-Ranville prit d'abord ces paroles pour une gasconnade; mais lorsque, quelques instans après, on le conduisit au donjon, à travers les cours intérieures, il comprit ce que contenait de vérité l'avertissement du gouverneur. Les gardes nationaux, rangés en haie sur son passage, lui adressèrent des injures et des menaces. Il entendit même ces mots :

« Il faut lui f... un coup de fusil. »

Il arriva cependant sans accident jusqu'à la cellule qui lui était destinée, au sommet du château, cellule de sept pieds de large sur douze de long, qu'éclairait une fenêtre étroite, percée dans un mur d'une épaisseur de deux mètres et garnie d'un double grillage de gros barreaux de fer.

Ses collègues occupaient déjà des cachots pareils au sien. Pour y parvenir, ils avaient dû passer comme lui parmi les gardes nationaux de service dans les cours et subir aussi des témoignages de malveillance et de colère, à l'exception toutefois de M. de Chantelauze, dont la physionomie maladive, l'air exténué, inspirèrent le respect et la pitié.

L'apparition de M. de Polignac souleva, malgré la dignité de son attitude, de violens murmures qui se changèrent en vociférations quand M. de Peyronnet se présenta, le chapeau sur la tête, le regard provocateur, exprimant la morgue et le dédain qui lui étaient habituels. Un garde national le coucha en joue en criant :

« A genoux, le misérable qui a fait tirer sur le peuple, et qu'il demande pardon ! »

On éloigna ce furieux ; mais à ces traits, les signataires des ordonnances durent reconnaître combien la population de Paris était exaspérée contre eux.

Le lendemain, dans la matinée, la garnison du château se mit sous les armes pour recevoir les délégués de la commission parlementaire, chargée de se prononcer sur la mise en accusation des ministres, qui venaient procéder à un premier interrogatoire. Bientôt deux voitures escortées de gendarmes entrèrent dans la cour amenant MM. Bérenger [1], Mau-

____

1. Né à Grenoble en 1767, mort en 1850.

guin[1] et Madier de Montjau [2]. Les tambours battirent aux champs.

« Pourquoi cet appareil? demanda M. Madier de Montjau au général Daumesnil.

— La souveraineté ne réside-t-elle pas dans la chambre dont vous êtes les représentans? répondit le gouverneur. »

A en croire les récits du temps, les commissaires n'étaient pas d'accord sur le cérémonial de la réception qui devait leur être faite. Contrairement à l'avis de MM. Bérenger et Madier de Montjau, leur collègue M. Mauguin avait exigé que la mission dont ils étaient investis fût entourée de solennité, et s'il se montra satisfait de l'accueil qu'ils reçurent, il ne le fut pas de la modestie du cortége qui les conduisit à Vincennes. M. Denis-Lagarde [3], secrétaire rédacteur de la chambre, les accompagnait en qualité de greffier.

A midi et demi, M. de Polignac comparut devant eux; MM. de Peyronnet, de Chantelauze et de Guernon-Ranville lui succédèrent. Les anciens ministres se montrèrent, dès ce premier moment, tels qu'ils devaient être au cours du procès : M. de Polignac,

1. Né à Dijon en 1785, mort en 1854.
2. Né au Bourg-Saint-Andéol en 1785, mort en 1865.
3. M. Denis-Lagarde, devenu chef du service du compte rendu, occupait encore ses délicates fonctions en 1865.

pénétré de l'excellence de sa cause et de la légitimité de sa conduite, rempli de confiance dans l'issue des débats, semblant ne pas comprendre la gravité des griefs invoqués contre lui; M. de Peyronnet, solennel, digne, avec cette nuance de forfanterie qui lui était propre; M. de Chantelauze, presque dédaigneux pour des juges dont il ne reconnaissait pas la compétence, se laissant arracher les paroles, ne répondant aux questions que contraint et forcé; M. de Guernon-Ranville s'appliquant honorablement à ne pas séparer sa cause de celle de ses collègues, mais en même temps s'expliquant avec netteté sur la résistance opposée par lui aux ordonnances, « encore qu'il les eût signées, dit-il, parce qu'il les croyait autorisées par l'article 14 de la Charte; » tous d'ailleurs unanimes à ne pas trahir le secret de leurs délibérations, empressés à couvrir le roi et exprimant l'avis que la chute de Charles X dégageait leur responsabilité.

Les commissaires apportèrent les plus grands égards dans l'accomplissement de leur mission. On raconte qu'à l'aspect de M. de Chantelauze, qu'il avait autrefois connu, M. Mauguin fondit en larmes et lui tendit la main. Un fragment de l'interrogatoire de M. de Polignac, copié sur la minute du greffier, aux archives de France, achèvera de faire revivre aux yeux du lecteur la physionomie de ce premier acte de la procédure.

D. Prince de Polignac, reconnaissez-vous votre signature au bas des ordonnances?

R. Je la reconnais.

D. Avez-vous participé à celles qui ne portent pas votre nom?

R. Comme ministre, oui.

D. Quel est le rédacteur du rapport au roi?

R. Je ne peux le nommer.

D. Qui est-ce qui a envoyé aux députés les lettres closes pour les convoquer?

R. Je l'ignore.

D. Quels motifs ont fait confier le commandement au duc de Raguse?

R. Il lui était depuis longtemps destiné.

D. Savez-vous d'où est venu l'ordre de tirer sur le peuple?

R. Je l'ignore; mais j'affirme que l'ordre contraire a été donné.

D. Avez-vous donné l'ordre de distribuer de l'argent aux troupes?

R. Non. Il ne leur a été distribué que ce qui a été nécessaire à leurs besoins.

D. Sur quelle caisse?

R. Je l'ignore; je sais seulement que ce n'est pas sur celle de la liste civile.

D. Qui a donné l'ordre des distributions?

R. Je ne sais.

D. Est-il vrai que vous ayez ordonné le rétablissement des cours prévôtales et l'arrestation d'un certain nombre de députés?

R. C'est faux.

L'interrogatoire des autres ministres ne différa guère de celui de M. de Polignac. M. de Chantelauze se déclara l'auteur du rapport au roi. M. de Peyronnet tint à faire remarquer, quoique son affirmation ne pût être considérée que comme le résultat d'une inconcevable exagération, qu'il s'était opposé aux ordonnances et ne les avait signées que par dévoûment au roi, qui l'avait comblé de bienfaits. Ce qu'on sait de l'histoire de ces temps agités permet d'affirmer qu'il n'y eut dans le dernier cabinet de Charles X d'autre résistance sérieuse aux actes qui provoquèrent la révolution que celle de M. de Guernon-Ranville, appuyée une seule fois par M. de Peyronnet lorsque la première proposition en fut faite.

Après ce commencement d'instruction, les commissaires de la chambre des députés se retirèrent en promettant aux prisonniers que le secret qui pesait rigoureusement sur eux ne tarderait pas à être levé. Il le fut en effet au bout de quatre jours. Ils eurent alors l'autorisation de communiquer entre eux, de prendre leur repas en commun et de recevoir les membres de leur famille munis de permis. Ces permis ne furent d'ailleurs délivrés qu'à un petit nombre de personnes sur la liste desquelles nous voyons figurer la princesse de Polignac, le duc et la duchesse de Guiche, un homme d'affaires, le valet de chambre du prince, avec cette mention : « deux fois par semaine, » M. de Montmarie, le frère de M. de Chantelauze, M. de Villeléon[1]. Les anciens ministres pouvaient en outre se promener dans un étroit préau dont toutes les issues étaient surveillées par des gardes nationaux. Pendant les premiers jours, ils y vinrent assidûment; mais M. de Chantelauze étant tombé assez gravement malade pour ne pouvoir plus sortir, M. de Guernon-Ranville resta auprès de lui, afin de lui donner des soins. Puis M. de Peyronnet, que la présence des factionnaires importunait et irritait, en lui rappelant sans cesse la privation de sa liberté, renonça à toute promenade. Il s'enfermait dans un mutisme qui n'était pas sans dignité. Il

_____

1. Archives nationales.

cherchait à éviter toute discussion avec ses collègues et même à fuir leur compagnie. Déjà, se manifestait son antipathie pour M. de Polignac, laquelle ne fit que croître tous les jours jusqu'à sa sortie de Ham et qui lui faisait dire de l'ancien président du conseil : « C'est un capucin indigne d'être un martyr. »

M. de Polignac seul continua à se montrer tous les jours, prenant même plaisir à interroger les gardes nationaux et à se faire répéter par eux ce qu'on disait de lui dans Paris.

X.

Le 9 septembre, les anciens ministres furent interrogés de nouveau ; mais cette fois, comme on va le voir, l'interrogatoire se fit plus précis qu'il ne l'avait été le 28 août et serra les événemens de plus près. D'ailleurs quelques jours avant, M. de Polignac, allant au-devant de certaines questions, avait écrit à la commission de la chambre des députés, afin de s'expliquer sur divers points touchés dans sa première entrevue avec les commissaires, et de démontrer que, durant les trois journées de combat, il n'avait donné aucun ordre. C'est l'esprit de cette lettre qui reparaît dans les lignes qu'on va lire.

D. Qui a conseillé au roi la formation du ministère du 8 août?

R. Je n'ai qu'une réponse à faire. J'ai été appelé comme ministre par le roi.

D. Qui a conseillé et rédigé le discours de la couronne prononcé par le roi à l'ouverture de la précédente session?

R. La détermination fut prise en conseil. Quant à l'auteur du discours, je n'ai pas à le nommer.

D. Qui a suggéré et dicté la réponse du roi à l'adresse?

R. C'est le secret du conseil, et je ne peux le dire.

D. Est-il à votre connaissance qu'on ait destitué beaucoup de fonctionnaires à l'occasion des élections?

R. C'est un relevé à faire d'après le *Moniteur*.

D. Vous avez dit dans votre lettre à la commission que, lorsque le 28 juillet, plusieurs députés se présentèrent à l'état-major de la place, vous résolûtes, avec le maréchal duc de Raguse, d'écrire au roi. Le fîtes-vous? Que répondit le roi?

R. J'ai écrit au roi. Le maréchal a écrit de son côté; mais il ne m'a pas communiqué la réponse qu'il a reçue. D'ailleurs, toutes les fois que je serai interrogé sur ce que le roi a cru pouvoir m'écrire et me dire, un sentiment de respect et d'honneur m'imposera un silence absolu.

D. Dans les journées des 26 et 27, rendait-on compte au roi de ce qui se passait dans Paris?

R. Le maréchal m'a dit lui avoir envoyé régulièrement des rapports. Quant à moi, je n'ai point eu connaissance des mouvemens militaires qui de part ou d'autre se sont opérés dans Paris.

D. Est-il vrai que, le 25, vous ordonnâtes une certaine surveillance autour de Neuilly (résidence du duc d'Orléans)?

R. C'est faux.

D. Des mandats d'arrêt ont été décernés le 27 juillet contre un certain nombre de personnes. Ont-ils été délibérés en conseil?

R. Je n'en ai eu aucune connaissance.

D. Vous avez dit dans votre lettre à la commission que, le 20 au matin, vous vous rendîtes à Saint-Cloud et que vous engageâtes le roi à retirer les ordonnances et à envoyer M. de Mortemart à Paris pour l'annoncer. Qu'arriva-t-il?

R. Le roi accepta ma démission et retira les ordonnances. J'introduisis chez Sa Majesté le duc de Mortemart et l'y laissai. Depuis cette époque, je suis resté étranger à ce qui s'est passé.

D. En suite de la mise de Paris en état de siége, il paraît qu'on s'occupait dès le 28 juillet, chez le sous-secrétaire d'état de la guerre, de l'organisation d'un conseil de guerre. Avez-vous donné des ordres pour cette organisation?

R. Aucun. Je suis resté étranger, je le répète, à tout ce qui s'est fait pendant ces trois jours.

D. Le sieur Lizoire, inventeur de projectiles incendiaires, avait été invité par plusieurs ministres à livrer des projectiles pour s'en servir contre la ville de Paris dans les journées des 27 et 28 juillet. En avez-vous eu connaissance?

R. Le fait est faux. Je n'ai jamais connu personne qui portât ce nom. Je viens de lire la pétition du sieur Lizoire à la chambre. Elle ne contient que d'infâmes calomnies.

D. Le roi avait-il, indépendamment des ministres, d'autres personnes de qui il prenait conseil?

R. Je n'en connais aucune.

M. de Peyronnet, interrogé après M. de Polignac, se reconnut l'auteur de l'ordonnance relative à un nouveau système électoral; mais il refusa de révéler les délibérations du conseil.

« Je ne veux pas, dit-il, violer le serment que j'ai prêté. »

D. Dans le cas où le conseil n'aurait pas été unanime, ne craindriez-vous pas, en gardant le silence, de manquer à vos devoirs envers ceux de vos anciens collègues qui se seraient opposés aux ordonnances?

R. Je craindrais au contraire de manquer à mes

devoirs envers eux en donnant, par exemple, des explications qui me seraient personnellement favorables. Au surplus, pour la signature des ordonnances, il y a eu, au moins en ce moment, une apparence d'unanimité. Antérieurement, il y avait eu sans doute discussion, et par conséquent dissentiment.

D. Il semblerait résulter de votre réponse que les explications que vous auriez à donner vous seraient favorables. Étiez-vous en dissentiment avec vos collègues ?

R. Vous avez de nombreux moyens de connaître la vérité sur ce point, sans que je vous donne les explications que vous demandez.

D. Nous comprenons le sentiment qui vient de dicter votre réponse et nous nous bornons à vous demander si M. de Guernon-Ranville a été en dissentiment ?

R. M. de Guernon-Ranville a exprimé en effet dans deux conseils des opinions opposées au système qui a prévalu.

Les réponses de M. de Guernon-Ranville n'ajoutèrent aucun éclaircissement à celles de ses collègues. Après avoir déclaré qu'il ne répondrait qu'autant qu'il serait interrogé sur des faits personnels, et comme on lui demandait si les ordonnances du 25 juillet avaient été votées à l'unanimité :

« Non, dit-il, je les ai combattues et dans les conseils préparatoires et dans le conseil tenu sous la présidence du roi où elles furent définitivement arrêtées. Je crois pouvoir ajouter que dans celui où pour la première fois le principe en fut émis, **M.** de Peyronnet se joignit à moi pour les combattre. »

Quant à M. de Chantelauze, aigri et malade, il refusa tout net de répondre.

Le ton de ces interrogatoires, les clameurs de l'opinion dont les échos leur arrivaient jusque dans leur prison, l'accent passionné des haines impitoyables dont ils étaient l'objet, ne permettaient pas aux anciens ministres de Charles X de se faire illusion sur l'issue de la procédure commencée contre eux : elle devait aboutir à une mise en accusation. Dès le 10 septembre, ils en avaient tous au même degré la conviction et s'occupèrent de se choisir des défenseurs, ayant décidé qu'il ne convenait pas à leur intérêt que la défense fût commune.

Après avoir pensé tour à tour à M. Hennequin [1], à M. Odilon Barrot, à M. Berryer [2], après avoir consulté sa famille et ses amis, le prince de Polignac

1. Né à Paris en 1786, mort en 1850, une des gloires du barreau de Paris.

2. Né à Paris en 1790, mort en 1870. L'illustre orateur débutait alors dans la vie politique.

manifesta l'intention de confier sa cause à M. Lainé [1].
Mais l'ancien président de la chambre des députés,
devenu pair de France, ne possédait plus ni la jeunesse, ni la vigueur, ni la confiance en soi, indispensable à l'avocat auquel incombe la tâche de disputer
au bourreau une tête désignée par la passion populaire. Il estimait qu'il fallait à M. de Polignac un
défenseur dont le nom le couvrirait assez « pour le
rendre moins odieux à la France et inspirer la clémence de ses juges. » Il lui conseilla lui-même le
choix de M. de Martignac. Aucun autre ne pouvait
être ni plus judicieux, ni plus habile.

Des dramatiques événemens qui avaient précédé
la révolution, le nom de Martignac sortait pur et
respecté. Déplorant les malheurs qu'avait prévus sa
sagesse, et contre lesquels il était resté impuissant,
M. de Martignac siégeait maintenant dans la chambre
des députés, y représentant ces idées modérées dont
l'application soutenue aurait pu sauver le trône de
Charles X, et à la défaite desquelles survivaient en
lui l'attachement et la confiance qu'elles n'avaient
cessé de lui inspirer. Lorsqu'il connut par le duc de
Guiche [2] le conseil donné à M. de Polignac par M. Lainé,

1. Né à Bordeaux en 1767, mort en 1835.
2. Neveu du prince de Polignac.

quand ce dernier lui eut écrit pour lui recommander la cause de l'ancien ministre, et quand les prières d'une famille éplorée furent venues se joindre à cette recommandation d'un homme qu'il vénérait, il n'osa décliner cette haute et périlleuse mission. Effrayé d'abord par l'étendue de la responsabilité, il se laissa bientôt prendre par la générosité naturelle de son âme. La grandeur de la faute l'avait indigné; la grandeur de l'infortune le toucha. L'homme qui lui faisait appel et lui confiait la défense de sa vie était son ancien adversaire; c'est surtout pour ce motif qu'il accepta cette défense.

Il n'y mit qu'une condition, c'est que son intervention serait purement gratuite, et comme, au nom de l'ancien président du conseil, le duc de Guiche mettait à sa disposition une somme de 100,000 francs et une plaque en diamans, — M. de Martignac était grand-officier de la Légion d'honneur, — il refusa en disant :

« C'est pour l'honneur du prince de Polignac et pour mon propre honneur que je le défendrai. »

Lorsque pour la première fois, il se présenta à Vincennes afin de conférer avec son client, ce dernier, sans pouvoir prononcer une parole, prit ses mains avec effusion et, l'attirant contre lui, il l'embrassa.

Le comte de Peyronnet avait tout d'abord songé à son ami Hennequin, une des gloires du barreau français, mis soudainement en lumière douze ans auparavant par le procès Fiévée, et dont la réputation depuis cette époque grandissait sans cesse avec le talent. Il lui écrivit : « Mon cher Hennequin, mes enfans ont dû vous dire combien je suis impatient de vous voir ; ce n'est plus d'intérêts généraux, comme autrefois, que j'aurai à vous entretenir, mais des miens, mais de mon procès. L'ami vous recherchait dans ce temps ! Aujourd'hui que j'ai un titre de plus, je vous appelle comme accusé ; venez donc, s'il vous plaît, dès qu'on voudra. » M. Hennequin accourut et se chargea de la difficile défense de l'ancien ministre de l'intérieur.

Il y avait alors à Lyon un jeune avocat dont les talens s'étaient fait jour jusqu'à Paris, et à qui l'avenir réservait une place éclatante dans notre histoire parlementaire ; il se nommait Paul Sauzet[1]. En prenant, au mois d'août 1829, possession du ministère de la justice, M. de Courvoisier, qui connaissait et appréciait ses mérites, s'était empressé de lui offrir un poste au parquet de la Seine et les fonctions de maître des requêtes au conseil d'état. M. Sauzet avait

1. Né à Lyon en 1800, mort en 1873.

refusé ces offres brillantes, afin de ne pas abandonner sa ville natale et le barreau lyonnais, où il comptait, à trente ans, autant d'admirateurs que d'amis.
On vantait justement son éloquence, la sonorité de
sa voix, la noblesse de son geste, tout ce qui faisait
dire de lui qu'il possédait, avec la distinction des
traits, les qualités maîtresses de l'orateur.

Procureur-général à Lyon, M. de Chantelauze avait
souvent entendu le jeune avocat et subi le charme de
sa parole. Sous le coup d'une accusation capitale,
c'est à lui qu'il songea. « L'illustre accusé reporta
ses regards sur la ville qu'il avait tant aimée, a écrit
M. Sauzet, sur le barreau qu'il avait patronné tant
de fois. Des souvenirs de mutuelle estime lui revinrent en mémoire. Il savait qu'il pouvait compter
sur la sincérité de mon dévoûment et, malgré ma
jeunesse, il voulut bien s'en exagérer la puissance.
Il fit appel à mes efforts, j'étais fier de les lui consacrer : une telle cause eût prêté des ailes à toutes
les faiblesses, et quelque retentissement qu'aient pu
soulever depuis autour de mon nom les faveurs ou
les rigueurs de la fortune, l'honneur de l'avoir révélé à cette mémorable journée comptera toujours
comme le plus grand souvenir de ma vie. »

M. de Guernon-Ranville, loin de suivre l'exemple

de ses collègues, avait d'abord manifesté l'intention
de ne pas se défendre : en premier lieu, parce qu'il
niait la compétence des chambres et l'indépendance
des juges; en second lieu, parce qu'il ne croyait pas
à un acquittement et était convaincu qu'assiégée par
les exigences de la population ameutée, peut-être
même par celles du nouveau gouvernement, la cour
des pairs, ayant à choisir entre son existence et une
condamnation, n'hésiterait pas et condamnerait. C'é-
tait mal reconnaître le courage de la cour des pairs;
c'était mal reconnaître surtout les préoccupations et
les angoisses que la volonté de sauver la vie aux
anciens ministres de Charles X causait en ce moment
même au roi Louis-Philippe et à son gouvernement.

La famille de M. de Guernon-Ranville jugeait
mieux que lui ces généreux efforts. Elle lui imposa
un défenseur qu'elle avait elle-même choisi; c'était
M. Crémieux[1]. Le futur membre du gouvernement
provisoire jouissait, dès cette époque, d'une réputation légitime qu'expliquaient l'éclat de sa carrière,
sa parole facile, mordante et spirituelle. Il n'appartenait pas encore à la politique, il était entièrement
au barreau. Il se dévoua passionnément à la cause

1. Né à Nîmes en 1796. M. Crémieux est un des rares survivans
des temps que nous racontons.

de M. de Guernon-Ranville, qui accepta son concours en ces termes :

« Il ne doit pas sortir de votre bouche un mot irrespectueux pour le roi Charles X ou désobligeant pour mes collègues. Si de mon opposition aux ordonnances vous croyez pouvoir tirer quelques argumens en ma faveur, j'y mets la condition expresse que ce sera sans qu'il en résulte la moindre insinuation défavorable à mes cosignataires. »

Il suffit des détails qu'on vient de lire pour faire comprendre quels nobles sentimens animaient, à la veille même du procès, les accusés et leurs défenseurs. Ce fut le mérite des uns et des autres de demeurer jusqu'au bout fidèles à ces sentimens de désintéressement et de loyauté, et, s'il y eut entre eux quelques dissentimens, de les taire pour ne pas compromettre l'honneur de leur cause.

FIN DU LIVRE PREMIER.

LIVRE DEUXIÈME

I.

Cependant, la commission de la chambre des députés avait achevé son instruction préparatoire. Le 23 septembre, M. Bérenger monta en son nom à la tribune, et donna lecture du rapport qui résumait ses travaux et ses opinions sur l'objet soumis à ses délibérations. Le rapport de M. Bérenger, d'un style étudié, précieux et solennel, était un acte véritable d'accusation. Il traçait à grands traits l'histoire du ministère de M. de Polignac et affirmait, dès les premières lignes, que les ordonnances du 25 juillet avaient été le complément d'un plan que la couronne méditait depuis plusieurs années. Puis, il établissait la culpabilité de chacun des ministres. « Le prince de Polignac, dit-il, paraît être le confident le plus intime des projets de Charles X. Dans l'opinion de la France, il représente à lui seul toute la faction contre-révolutionnaire, et chaque fois que cette faction avait menacé de saisir le pouvoir, c'était lui, toujours lui, qu'elle offrait aux espérances des ennemis de l'ordre et des lois. »

Après avoir rappelé que M. de Polignac resta sourd aux objurgations de M. de Guernon-Ranville, adversaire déclaré de la politique à laquelle il eut plus tard la faiblesse de concourir, le rapporteur remettait devant la chambre le désolant spectacle des incendies de Normandie, dont il n'hésitait pas à faire peser la responsabilité sur le président du ministère accusé. Il parla en termes amers de M. de Peyronnet, « dont le nom rappelait si tristement le souvenir de l'administration flétrie par la dernière chambre. » Il n'épargna pas davantage M. de Chantelauze.

Quant à M. de Guernon-Ranville, le rapporteur constata son opposition aux ordonnances, mais en déclarant que cette opposition, « qui n'empêcha rien et qu'il oublia au moment décisif, » ne diminuait pas sa responsabilité; puis il s'attacha à démontrer que, contrairement aux dires des ministres, les ordonnances avaient été non pas, ainsi qu'ils le prétendaient, le résultat d'une inspiration soudaine, née spontanément du sentiment d'un grand péril, mais le développement d'un projet ancien. Il en trouvait la preuve dans un ordre confidentiel adressé le 20 juillet par le maréchal Marmont aux chefs de corps placés sous ses ordres et qui indiquait, avant même que l'émeute eût été provoquée, les moyens de la réprimer, et dans une note trouvée parmi les papiers de M. de Polignac, et ainsi conçue : « Le 26 juillet est le développement de la pensée du 8 août. C'est un coup d'état sans retour. Le roi en tirant l'épée a jeté le fourreau au loin. » Il n'hésitait pas à déclarer que le massacre des citoyens avait été ordonné froidement. Il accusait en outre M. de Polignac d'avoir donné l'ordre d'arrêter quarante-cinq personnes.

Arrivant enfin aux journées du combat, il s'écriait : « De grands malheurs pouvaient être évités. Aucune tentative n'est faite pour éclairer la cour. Le ministère, que dis-je! le prince de Polignac, car lui seul apparaît dans ces tristes momens, ne cherche point à faire connaître la vérité à Charles X, à lui dire que le sang coule par torrens, que peut-être il est temps encore de prononcer des paroles de conciliation. Des députés ayant fait une démarche auprès du duc de

Raguse pour demander le rapport des ordonnances dans le but de faire cesser l'effusion du sang, le maréchal promit d'en référer au roi. M. de Polignac prétend qu'il écrivit au roi et que le maréchal lui écrivit de son côté. Hélas! messieurs, le sang continue à couler, et son effusion apprend assez quelle fut la réponse du monarque. Ici, on ne peut s'empêcher de se livrer à de bien tristes réflexions sur la cour ou à de bien graves soupçons sur la conduite du prince de Polignac ou du duc de Raguse. Laissèrent-ils ignorer au roi le danger des conjonctures? conseillèrent-ils de continuer cette lutte sanglante? Ce prince, insouciant du malheur du peuple et aveuglé jusqu'à la fin sur sa position, voulut-il exposer sa couronne aux chances d'un résultat désormais trop prévu? »

Cet acte d'accusation était, hélas! trop facile à dresser; mais peut-être aurait-on le droit d'exiger un peu plus de justice. Accuser Charles X d'avoir voulu verser le sang français, de l'avoir vu couler avec indifférence, c'était ne faire la part ni de l'incapacité du malheureux roi, ni de son aveuglement, ni de ses préjugés, ni surtout de sa bonté[1]. Une

1. Quand on examine de près la conduite de Charles X, lorsque l'on constate l'apparente insensibilité avec laquelle il avait assisté

grande infortune, même méritée, a droit à d'autres égards, et le commissaire de la chambre des députés montrait plus d'équité quand il résumait, dans la résolution soumise au vote de l'assemblée, les griefs de la France. « Justice et non vengeance ! dit-il, en terminant, tel est le cri qui part de tous les cœurs. Votre commission vous propose d'adopter la résolution suivante : La chambre des députés accuse de

à la lutte engagée dans les rues de Paris, on est tenté de donner raison à l'accusateur de la chambre des députés. Il est certain cependant que le roi n'avait pas voulu verser le sang, bien qu'il considérât comme une fatalité nécessaire l'obligation où il était de sévir contre ses sujets. Malheureusement, sa bonté naturelle était limitée dans ses effets par ses préjugés mêmes et, notamment, quand l'homme de l'ancien régime qu'il n'avait cessé d'être reparaissait en lui tout à coup.

Voici, à cet égard, un trait bien caractéristique et que la personne qui nous l'a raconté tenait de Louis-Philippe C'était en 1830 ; le roi de Naples se trouvait en France et Charles X l'avait conduit à Blois. Les deux souverains visitaient ensemble le château, suivis du duc d'Orléans.

— Tenez, mon frère, dit tout à coup Charles à Ferdinand, en lui montrant le milieu d'une pièce qu'ils traversaient, voici la place où le duc de Guise fut mis à mort par l'ordre du roi.

— Vous voulez dire assassiné, sire, s'écria vivement le duc d'Orléans.

— Non, mon cousin, répondit le roi ; il ne fut pas assassiné, il fut tué.

Dans la pensée de Charles X, le dernier Valois faisant massacrer le duc de Guise exerçait un droit aussi légitime que celui qu'il avait exercé lui-même en signant les ordonnances, le droit du souverain sur ses sujets.

trahison MM. de Polignac, de Peyronnet, de Chantelauze, de Guernon-Ranville, d'Haussez, Capelle et de
Montbel, ex-ministres, signataires des ordonnances
du 25 juillet, pour avoir abusé de leur pouvoir afin
de fausser les élections et de priver les citoyens du
libre exercice de leurs droits civiques; pour avoir
changé violemment et arbitrairement les institutions
du royaume; pour s'être rendus coupables d'un complot attentatoire à la sûreté extérieure de l'état; pour
avoir excité la guerre civile, en armant ou poussant
les citoyens à s'armer les uns contre les autres, et
porté la dévastation et le massacre dans la capitale
et dans plusieurs autres communes, crimes prévus
par l'article 56 de la Charte. de 1814, et par les
articles 91, 109, 110, 123 et 125 du code pénal. En
conséquence, la chambre des députés traduit MM. de
Polignac, de Peyronnet, de Chantelauze, de Guernon-
Ranville, d'Haussez, Capelle et de Montbel devant la
chambre des pairs. Trois commissaires pris dans le
sein de la chambre des députés seront nommés par
elle au scrutin secret et à la majorité absolue des
suffrages pour, en son nom, faire toutes les réquisitions nécessaires, suivre, soutenir et mettre
à fin l'accusation devant la chambre des pairs,
à qui la présente résolution et toutes les pièces

de la procédure seront immédiatement adressées. »

Le 27 septembre, la chambre des députés fut appelée à délibérer sur cette proposition. Avant l'ouverture des débats, M. de Martignac s'exprima en ces termes : « Au mois d'août 1829, M. de Polignac est venu renverser le ministère dont je faisais partie. Séparé de lui par un dissentiment politique, blessé du langage des écrivains qui paraissaient être l'organe de ses opinions, je n'ai eu depuis cette époque aucune espèce de rapport ou de communication avec lui. Au moment où il va être frappé par une accusation capitale, M. de Polignac s'est ressouvenu de moi; il a eu la pensée de m'appeler à le défendre. Hier, il a fait réclamer mes conseils et mon secours auprès de la chambre devant laquelle il va peut-être être envoyé. J'ai été, messieurs, ému autant que surpris du témoignage d'une confiance à laquelle je ne m'attendais pas. Toutefois je ne peux voir que le danger et les larmes. J'ai consulté mon cœur, et j'ai reconnu que le refus ne m'était pas permis; j'ai donc promis de faire ce qui dépendait de moi et de prêter au malheur l'appui de ma parole. Dans une pareille situation, messieurs, je dois demeurer étranger aux délibérations dont la chambre va s'occuper, et l'explication que j'ai l'honneur de lui donner n'a pour objet que de lui faire connaître que je m'abstiens d'y prendre part. »

De tous les orateurs qui se succédèrent et dont le plus violent fut M. Gaëtan de La Rochefoucauld, encore qu'il proposât de réduire l'accusation à l'abus de pouvoir en matière d'élection, un seul, M. Berryer, alors à ses débuts, repoussa violemment la mise en accusation. En termes de la plus haute éloquence, convaincu que, la Charte étant violée dans la personne du roi, elle ne pouvait plus être appliquée à ses ministres, il demanda s'il pourrait y avoir dignité, mesure, liberté, garantie de justice dans les rigueurs exercées contre les auteurs des actes politiques qui avaient précédé la révolution. Il ne prétendait pas qu'ils fussent innocens : « La plus belle couronne de l'univers tombée du front de l'héritier de tant de rois ! s'écriait-il ; le caractère d'un prince loyal et humain si douloureusement compromis, livré à de si vives accusations ! La longue paix et l'immense prospérité d'un grand peuple menacées de si désolans désastres ! Oui, ils sont coupables ! mais vous ne pouvez pas vous faire leurs accusateurs, et je ne leur vois plus de juges sur la terre de France ! » La chambre refusa de se rallier à cette généreuse doctrine, et à la fin de cette longue et

émouvante séance, elle vota, par 244 voix contre 47,
la mise en accusation du prince de Polignac.

A la séance du lendemain, elle émit un vote analogue contre M. de Peyronnet par 232 voix, contre
M. de Chantelauze par 222, contre M. de Guernon-
Ranville par 215. En vain le défenseur de ce dernier,
M. Crémieux, dans un mémoire dont M. Bérenger
donna lecture à la chambre, s'efforça de séparer la
cause de son client de celle des autres accusés. Il
ne put y parvenir, et M. de Guernon-Ranville lui
demanda ultérieurement de renoncer à ce système
de défense, qu'il considérait comme indigne de son
caractère. La mise en accusation des trois ministres fugitifs fut également prononcée ; mais l'instruction devait les tenir momentanément à l'écart
pour ne s'occuper que de ceux qui étaient au pouvoir
de la justice. Enfin, pour couronner cette procédure,
la chambre élut trois commissaires chargés de soutenir l'accusation : MM. Bérenger, Madier de Montjau
et Persil [1].

---

1. Né en 1785, mort en 1870. Il fut substitué à M. Mauguin, par
suite d'un effort du ministère qui redoutait que ce dernier ne se
laissât aller contre les accusés à quelque violence de langage conforme à la passion qu'il manifestait contre eux.

II.

Tandis que ces événemens se déroulaient dans le
parlement, l'agitation populaire qui avait survécu
dans Paris aux journées de juillet, loin de s'apaiser,
devenait chaque jour plus intense et plus menaçante
pour la sécurité des citoyens et la durée du nouveau
gouvernement. La révolution accomplie, la discorde
était née entre les hommes qui l'avaient faite et à
qui Louis-Philippe devait son élévation. Les uns,
soutenus par les républicains, dont cette élévation
avait trompé les espérances, reprochaient au gouvernement sa lenteur à remplir les engagemens de
juillet, résumés dans le programme de l'Hôtel de
Ville. Ils voulaient qu'on eût plus de confiance dans
le peuple, qu'on associât étroitement l'armée à la
révolution et qu'on favorisât par tous les moyens,
par des élections immédiates, par des lois, la propa-
gande de l'esprit nouveau. Les autres au contraire,

convaincus que l'ardeur des innovations offrait autant
de périls que le respect des traditions offrait d'avantages, n'aspiraient qu'à continuer, sous la loi d'une
charte révisée, appropriée aux besoins du moment,
sous l'égide d'un prince libéral et éclairé, la monarchie constitutionnelle, en l'améliorant peu à peu.

Ces deux tendances contradictoires éclataient partout : dans les conseils du roi, dans les chambres,
dans le ministère, avec la courtoisie que les hommes
bien élevés se doivent entre eux, mais avec un
entêtement qui ne voulait rien céder des exigences
de chacun; dans la presse avec une passion acerbe et
surexcitée sans cesse par les mille incidens de la vie
publique; dans la rue, avec les violences déclamatoires dont la misère des classes laborieuses était le
prétexte.

A côté des ambitions déçues et des cupidités
désappointées qui se cachaient dans les revendications des uns, existaient des opinions sincères autant
qu'ardentes; beaucoup d'orgueil, une confiance exagérée en soi, inspiraient la résistance des autres,
mais aussi la conviction que la sécurité n'est pas
moins précieuse à une nation que la liberté. En un
mot, il y avait d'une part la politique du laisser-
aller, qui s'attachait à favoriser cette tendance à faire

table rase des anciennes institutions, que représentaient M. Dupont de l'Eure dans le conseil, M. de Lafayette à la tête de la garde nationale, M. Odilon Barrot à la chambre; d'autre part la politique libérale et autoritaire, qui comptait parmi ses partisans, séparés entre eux d'ailleurs par bien des nuances, des hommes tels que MM. Guizot, le duc de Broglie, Molé, Casimir Perier, Dupin, d'autres encore à qui la révolution de 1830 s'était imposée comme une nécessité sans qu'ils l'eussent souhaitée, mais qui, l'ayant fait tourner au profit du régime constitutionnel et d'une dynastie nouvelle, entendaient la défendre contre les fauteurs de désordres et les propagateurs d'anarchie.

Entre ces deux partis, composés, l'un de révolutionnaires ou de dupes, l'autre d'hommes avisés et politiques, le choix du roi était fait. Louis-Philippe pensait comme le second et luttait, autant qu'il le pouvait, contre le premier. Chaque jour, et plus l'opposition démocratique s'affirmait, plus elle trouvait en lui un adversaire prudent, mais résolu. Le dissentiment que nous signalons et qui rencontrait dans les rues, dont il troublait le repos, des échos bruyans et fiévreux, s'accrut au moment où commença à s'instruire le procès des ministres.

Sur ce point, le roi et son conseil étaient d'accord.
Ils voulaient, les uns et les autres, sauver la vie des
accusés, certains, selon le mot de M. Guizot, « qu'il
n'y avait ni dans l'âme de ceux-ci la perversité
morale sans laquelle la peine de mort est une odieuse
iniquité, ni dans leur condamnation l'utilité sociale
qui doit s'ajouter à la perversité de l'accusé pour que
la peine de mort soit légitime. » Mais le sentiment
public leur était en majorité contraire. Dans la population qui avait pris part à la révolution, dans la
garde nationale, dont cette population remplissait
les rangs, les cœurs frémissaient encore de la colère
qu'avait soulevée les ordonnances de juillet, des
périls qu'avait semés partout la lutte, des sacrifices
douloureux qu'avait coûtés la victoire, et l'on se
demandait si le droit violé et le sang versé reste-
raient sans expiation.

Ce sentiment éclata surtout quand, dans la chambre
des députés, la nécessité d'abolir la peine de mort
devint l'objet d'un rapport et d'un débat, à la suite
d'une proposition de M. de Tracy [1], qui s'occupait
déjà, d'accord avec le roi, et pour préserver les jours
des anciens ministres sans avoir l'air de les défendre,
de faire supprimer la peine capitale.

1. Né en 1781, mort en 1864.

C'est le 8 octobre que ce débat s'engagea sur le rapport de M. Bérenger, qui concluait à regret à l'ajournement de la proposition de M. de Tracy, en la recommandant à la sollicitude du gouvernement. La discussion démontra clairement que le principal objet de la proposition était le salut des signataires des ordonnances, encore que personne n'osât le dire; mais même avec ce sous-entendu, la nécessité de l'abolition de la peine de mort recruta des défenseurs ardens et éloquens.

C'est à peine s'il se trouva un orateur froidement fanatique, M. Eusèbe de Salverte, pour protester et pour faire aux prisonniers de Vincennes des allusions déclamatoires et vengeresses, en dépit desquelles il fut décidé, avec l'assentiment du garde des sceaux, par 225 voix contre 21, qu'une adresse serait présentée au roi à l'effet de solliciter une loi abolissant la peine de mort pour les crimes politiques et pour certains crimes de droit commun.

En même temps, afin de donner à cette adresse toute sa haute signification, afin de démontrer que le sentiment d'humanité qui l'avait dictée ne se désintéressait pas des victimes de la bataille des trois jours, la chambre accueillit avec sympathie, en attendant qu'elle eût le loisir de la discuter, la demande d'un crédit de 7 millions, qui devait être employé en secours et en pensions au profit des 500 orphelins, des 500 veuves et des 3,850 blessés qui survivaient à la lutte.

Le lendemain, le roi reçut la commission de la chambre chargée de lui présenter l'adresse contre la peine de mort. « Le vœu que vous exprimez, répondit-il, était depuis longtemps dans mon cœur. Témoin dans mes jeunes années de l'épouvantable abus qui a été fait de la peine de mort en matière politique, et de tous les maux qui en sont résultés pour la France et pour l'humanité, j'en ai constamment et bien vivement désiré l'abolition. Le souvenir de ce temps de désastres et les sentimens douloureux qui m'oppressent quand j'y reporte ma pensée vous sont un sûr garant de l'empressement que je vais mettre à vous faire présenter un projet de loi conforme à votre vœu. »

Le roi, en prenant ce solennel engagement, la chambre, en le provoquant, affirmaient avec éclat qu'ils voulaient « mettre la tête des ministres à l'abri de l'échafaud » et résister aux passions révolutionnaires comme aux ressentimens populaires. Ils pouvaient même croire qu'ils donnaient satisfaction à un vœu public, car, quelques jours avant, sur la place de Grève, où les loges maçonniques célébraient une fête en mémoire des quatre sergens de La Rochelle, une protestation contre la peine de mort s'était fait entendre et avait été appuyée le surlendemain par une pétition signée de tous les blessés de juillet, encore malades dans les hôpitaux; mais ces deux manifestations dues, la première à l'un de ces mouvemens généreux, ordinairement sans lendemain, qui saisissent les foules à certaines heures et les entraînent dans un accès de clémence passagère, la seconde à l'initiative du général de Lafayette, qui s'efforçait en ce moment de seconder les humaines intentions du roi, ne traduisaient pas le sentiment général.

Ce sentiment était hostile aux ministres de Charles X. La population s'irrita quand elle crut comprendre qu'on cherchait à les soustraire à sa vengeance et au châtiment. Cette irritation fut habilement exploitée par les partisans violens de la république, qui accusaient le gouvernement d'avoir trahi la révolution et cherchaient l'occasion de le renverser. Le roi, sa famille, le cabinet, les chambres, devinrent tout à coup l'objet des attaques les plus acerbes et les plus injurieuses; des placards portant ces mots : « Mort aux ministres! » furent apposés la nuit sur les murs dans divers quartiers de Paris. Il y eut de terribles menaces adressées, sous cette forme, aux prisonniers de Vincennes. « Un fleuve de sang les entoure, disait un pamphlet; le peuple en armes en garde les bords; ils ne le franchiront jamais. »

Le 17 octobre, ces provocations ardentes se transformèrent et prirent bruyamment possession de la rue. En revenant de Versailles, où il avait passé en revue la garde nationale du département de Seine-et-Oise, le roi trouva aux abords du Palais-Royal, qu'il habitait encore, une foule furieuse qui demandait à grands cris la tête des ministres, déjà traduits devant leurs juges. Repoussée par les troupes de service, elle alla promener ses colères dans les quartiers environnans.

Elle revint le lendemain plus nombreuse et plus excitée, poussant les mêmes vociférations; dissipée comme la veille, elle se rallia dans les faubourgs, qu'elle parcourut en tous sens, en criant : « A bas les ex-ministres! la tête de Polignac! Vive la république! » et en y recrutant des complices. C'est ainsi qu'elle se présenta dans la soirée au Palais-Royal, formant plusieurs bandes, insultant et menaçant le roi. Il fallut faire évacuer les cours et les galeries du palais, fermer les grilles, défendre même contre ces énergumènes l'accès de la demeure royale et en arrêter plusieurs ; mais les autres, loin d'être apaisés ou découragés par leur défaite, devinrent plus tumultueux.

Tout à coup une voix domina le bruit, en criant : « A Vincennes ! à Vincennes ! » Ce bruit trouva un retentissant écho dans cette cohue affamée de vengeance et qui se dirigea sur-le-champ vers le château de Vincennes sous les ordres d'un homme à cheval [1], armée de fusils, de sabres, de bâtons ferrés, rangée autour d'un drapeau sur lequel étaient écrits ces mots : « Désir du peuple : Mort aux ministres ! » et traînant à sa suite des femmes et des enfans en haillons.

Vers onze heures, l'émeute se présentait aux

1. Ce personnage se nommait Dumoulin. Il avait été officier d'ordonnance de Napoléon pendant les cent-jours et avait combattu à Waterloo. C'était un homme de coup de main, qui, en 1830, pendant la bataille des rues, avait cherché, mais en vain, à ranimer le sentiment populaire en faveur de Napoléon II. Après avoir échoué, il s'était attaché à l'étrange idée de faire décerner à Louis-Philippe le titre d'empereur en le plaçant sur le trône. Il existe à ce sujet un document curieux et authentique, qui, sans avoir beaucoup d'importance, donne une idée de la vitalité persistante de la légende impériale à cette époque et de la force que devait y trouver la royauté nouvelle, non pas en acceptant un vain titre, mais en s'entourant des souvenirs et des noms illustres qui rappelaient le mieux une grande époque restée popluaire.

portes de Vincennes, à la lueur de torches, remplis-
sant la route de ses clameurs. Par l'étroite fenêtre
de leur cellule, les prisonniers pouvaient voir les
mains menaçantes dirigées contre les remparts qui
les abritaient. La garnison avait pris les armes et
était rangée dans la cour. Le général Daumesnil,
auquel incombait l'honneur de défendre une troisième fois cette place qu'à deux reprises il avait gardée contre cent mille étrangers, fit ouvrir la porte et
se présenta seul à la foule :

« Que voulez-vous? demanda-t-il.

— Nous voulons les anciens ministres!

— Vous ne les aurez pas. Ils sont confiés à ma
garde, et ils ne sortiront d'ici que pour aller devant
leurs juges!

— Leur juge, c'est le peuple! Nous vous ordonnons de nous les livrer.

— Et moi, je vous ordonne de vous retirer, reprit
intrépidement le général.

— Les ministres! les ministres! mort aux ministres! hurlèrent les émeutiers qui se pressaient maintenant autour du courageux soldat.

— Vous ne les aurez pas! répéta-t-il, et si vous
forcez les portes du château, plutôt que de vous
livrer ces hommes, dont je réponds envers l'état, je

vous jure que je mets le feu au magasin des poudres;
de cette manière, ajouta-t-il d'un accent railleur,
nous rentrerons tous ensemble à Paris par la porte
Saint-Antoine. »

Cette réponse, appuyée par une sortie de la garnison, fit reculer les factieux. Ils se mirent à crier tout
à coup : « Vive la jambe de bois! » puis revinrent
vers le Palais-Royal, où ils n'étaient pas attendus,
qu'ils firent un instant mine d'envahir, sous le prétexte de parler au roi, et d'où on ne les chassa qu'au
moment où plusieurs d'entre eux gravissaient déjà le
grand escalier.

Durant cette soirée, les membres du conseil étaient
restés en permanence chez le garde des sceaux.
L'événement auquel ils assistaient, inquiets de l'état
de Paris, avait fait éclater une fois de plus le dissentiment grave qui divisait le ministère en deux frac-
tions. « M. Dupont de l'Eure et ses amis, a écrit
M. Guizot, portaient impatiemment le poids de notre
impopularité, nous celui de leur mollesse. » Les au-
toritaires du cabinet ayant démontré la nécessité de
réprimer vigoureusement l'émeute, les partisans de
la politique de « laisser aller » avaient au contraire
réclamé une concession qui apaisât les colères de la
rue et dispensât de recourir aux armes. Or la con-

cession ne pouvait porter que sur l'adresse de la
chambre des députés contre la peine de mort, première cause de l'émeute, adresse que M. Odilon Barrot, préfet de la Seine, dans une proclamation empreinte de l'esprit le plus révolutionnaire, considérait
déjà comme « une démarche inopportune, qui avait
pu faire supposer qu'il y avait concert pour interrompre le cours ordinaire de la justice. »

Du débat qui s'engagea entre les ministres sortirent deux décisions. Aux termes de la première, le
général Pajol, commandant la division militaire,
reçut l'ordre de prendre toutes les mesures pour
mettre en sûreté le château de Vincennes, et de dissiper, à l'aide de la garde nationale, tous les rassemblemens. A la suite de la seconde, le *Moniteur* publia
une note qui réduisait à une parole vague l'engagement pris par les chambres et par le roi. Dans cette
note, qu'il est impossible de ne pas considérer comme
un acte de faiblesse, il était dit : « Le gouvernement,
qui pense que l'abolition universelle et immédiate de
la peine de mort n'est pas possible, pense aussi,
après un examen attentif, que, pour la restreindre,
dans notre code, aux seuls cas où sa nécessité la rend
légitime, il faut du temps et un long travail. »

C'était avouer qu'on n'introduirait aucun changement dans les lois pénales avant le procès des ministres. A cette minute et dans cette concession, c'est la politique de M. de Lafayette et de M. Odilon Barrot qui l'emportait, politique plus naïve qu'habile et qui a permis à un contemporain de porter sur le second de ces personnages ce jugement si profond et si vrai, qui peut s'appliquer à l'un et à l'autre : « Lorsque M. Odilon Barrot parlait aux masses populaires, une disposition singulière de son esprit semblait le condamner à flatter les passions qu'il voulait combattre, et à leur donner sous forme de leçons des encouragemens à ne pas abdiquer [1]. »

En triomphant, cette politique déjouait les généreuses intentions du roi et de ses conseillers; elle ouvrait la crise ministérielle; elle trompait l'espérance de tous les hommes modérés et laissait planer la peine de mort sur la tête des anciens ministres de Charles X.

1. Mémoires inédits.

III.

Saisie par la chambre des députés de l'accusation portée contre M. de Polignac et ses collègues, la chambre des pairs s'était constituée en cour de justice. Elle avait confié l'instruction à son éminent président, le baron Pasquier, et à trois de ses membres, MM. de Bastard[1], Séguier et de Pontécoulant[2]. Cette instruction, ouverte le 26 octobre par l'interrogatoire des accusés, marchait activement, et l'heure s'approchait où pourrait être jugé ce solennel procès qui passionnait par avance la France et l'Europe.

C'était une épreuve difficile pour le gouvernement nouveau. A peine institué, il voyait les factions acharnées à le perdre se réjouir du péril qui se dressait sur ses pas et s'apprêter à en profiter. Chaque jour,

1. Né à Nogaro (Gers) en 1783, mort en 1844.
2. Né en 1766, mort en 1853.

la conviction se formait davantage que, pour conjurer ce péril et le vaincre, il était nécessaire que l'homogénéité régnât dans le ministère. Or c'est justement, ainsi qu'on l'a vu, l'homogénéité qui manquait le plus au cabinet imposé à Louis-Philippe au lendemain de la révolution ; les préliminaires du procès avaient démontré la diversité comme l'étendue de ses discordes intérieures, la multiplicité des opinions qui s'y trouvaient représentées, « les unes trop accommodantes pour les dispositions publiques et les exigences révolutionnaires, disposées à leur passer beaucoup et à se promettre de leur développement sans gêne une heureuse issue, » les autres résolues à ne considérer la révolution que comme un changement de dynastie, réalisé pour restituer au pays le régime représentatif dans toute sa sincérité, mais non pour disloquer le mécanisme du pouvoir ou affaiblir le principe d'autorité, unique base d'un système libéral, durable et fécond.

Et encore n'était-ce là que les termes extrêmes des opinions des membres du cabinet, entre lesquelles se plaçaient, sur la conduite politique à tenir, des appréciations si diverses, des tendances si contraires, que la confusion la plus redoutable et la moins propre à la bonne gestion des affaires régnait entre eux. Cette

diversité de vues résultait non-seulement des incidens du présent, elle avait aussi sa cause dans les
souvenirs du passé ; elle s'aggravait des sentimens,
des opinions, des passions qui avaient préparé le
triomphe de la révolution de juillet.

La volonté de maintenir la paix publique rappro-
chait sans doute le maréchal Gérard[1] et M. Guizot ;
mais pour l'immense majorité du public, le maréchal
était le représentant de la gloire impériale et de la
dernière lutte de l'indépendance nationale contre
l'étranger, tandis que M. Guizot était l'homme de
Gand.

Entre M. de Broglie et M. Molé venait se placer
l'ombre du maréchal Ney ; leur patriotisme l'écartait
par un noble et commun effort; mais les vainqueurs
de 1830 l'y replaçaient avec acharnement, et l'on vit
plus tard M. de Montalivet, ministre de l'intérieur,
obligé d'empêcher par la force la représentation, à la
Porte-Saint-Martin, d'un drame intitulé : *le Procès
du maréchal Ney*, dans lequel l'appel nominal devait
être fait sur la scène.

M. Bignon touchait à l'empire, tandis que M. Dupont
était tout près de la république. MM. Casimir Perier, Sébastiani, Laffitte et Dupin avaient fort peu de

1. Né à Damvilliers (Meuse) 1773, mort en 1852.

confiance dans les doctrinaires, MM. de Broglie et Guizot, comme hommes d'action. Ils ne partageaient d'ailleurs nullement leur dédain pour la popularité, qu'ils regardaient en ce moment de crise populaire comme une force, quand elle avait été loyalement et consciencieusement conquise. Quant à l'opinion sur l'application de la peine de mort aux ministres de Charles X, le conseil s'était montré d'abord unanimement empressé d'adopter la loi d'abolition générale en matière politique, qui eût déblayé le terrain de la plus dangereuse et de la plus douloureuse des questions ; mais avant comme après l'échec de l'appel fait en vain à la générosité publique, — échec constaté par la note du *Moniteur* et rendu définitif par la proclamation du préfet de la Seine, M. Odilon Barrot, — un même sentiment était bien loin de régner parmi les ministres. Aucun d'eux, pas même M. Dupont, fort insensible à ce sujet, n'admettait la chute de quatre têtes; mais, comme plusieurs de ses collègues, ce dernier accordait, non à la vengeance, mais à la justice, celle du plus coupable des accusés, celle du prince de Polignac.

Cet état de l'intérieur du personnel gouvernemental réagissait au dehors où il éclatait en de nombreux et affligeans symptômes, et réciproquement l'état des

souvenirs, des opinions et des passions de l'extérieur
réagissait sur l'intérieur du gouvernement. M. Odilon Barrot avait aggravé cette situation par l'imprudente légèreté avec laquelle, tout en recommandant
l'obéissance aux lois, il encourageait le mécontentement de ceux qui réclamaient avec violence le châtiment des anciens ministres. D'autre part, la note du
Moniteur, considérée comme un acte de faiblesse,
une annonce de mesures militaires qui ne s'était
pas réalisée, avaient alarmé et indigné les hommes
à qui la sécurité publique paraissait menacée. Une
modification ministérielle devenait donc imminente;
elle était dans le désir de tous les membres du cabinet. Un article du *Journal des Débats*, dirigé le
21 octobre contre M. Guizot, qu'il accusait d'impuissance et d'inertie gouvernementale, la rendit nécessaire. M. Guizot et le duc de Broglie remirent leur
portefeuille au roi. Leur démission acceptée ne
fut pas suivie sur-le-champ de celle de leurs collègues. M. Laffitte, ministre des finances, était resté
chargé de constituer un cabinet nouveau dans lequel
il espérait retenir plusieurs membres de l'ancien, et
notamment M. Casimir Perier. Une négociation laborieuse, qui dura pendant dix jours, acheva de mettre
en lumière la diversité des élémens entre lesquels

M. Laffitte cherchait à créer un accord fécond [1].
Pour obtenir le concours de M. Casimir Perier,
M. Laffite alla jusqu'à lui proposer de sacrifier
M. Dupont de l'Eure. Mais M. Perier, duquel on
peut dire, sans faire injure à sa grande mémoire,
qu'il se gardait pour un ministère de durée et qui ne
croyait pas à l'avenir de celui que formait M. Laffitte, refusa d'en faire partie. C'est à défaut de lui
que M. de Montalivet devint ministre de l'intérieur.
M. Dupont de l'Eure conserva les sceaux, le général Sébastiani la marine et le maréchal Gérard la
guerre. Le maréchal Maison eut les affaires étrangères, M. Mérilhou [2] l'instruction publique et les cultes.
Peu de jours après, le comte Gérard et le marquis
Maison s'étant retirés, on donna pour successeur au
premier le maréchal Soult [3] et au second le général
Sébastiani, qui céda le portefeuille de la marine au
comte d'Argout.

Parmi les hommes que M. Laffitte venait de s'ad-
joindre et dont il s'était assuré le concours en vue

1. Nous avons la bonne fortune de pouvoir faire passer sous les
yeux de nos lecteurs cinq lettres du roi Louis-Philippe et quatre
du comte Molé, adressées à M. Casimir Perier, à l'occasion de la
crise ministérielle. On les trouvera aux pièces historiques n° 4.

2. Né à Montignac (Dordogne) en 1788, mort en 1856.

3. Né à Saint-Amand dans le Tarn en 1769, mort en 1852.

de la crise décisive qui se préparait, il en était un
que sa jeunesse, l'éclat de sa carrière ultérieure, le
courage dont il fit preuve, l'importance de son rôle
pendant le procès des ministres, nous obligent à distinguer dès à présent entre ses collègues, déjà illustres pour la plupart, et au milieu desquels il appa-
raissait, connu non-seulement par le nom de son père,
mais encore par de brillans débuts dans la vie publique; nous voulons parler du comte de Montalivet.

Né avec le siècle, fils d'un ministre de l'intérieur
de l'empire, dont le nom est resté attaché à de mé-
morables réformes administratives, M. de Montalivet
était entré à la chambre des pairs en 1823, par le
privilége de l'hérédité. Le droit de vote ne devant
lui appartenir qu'à l'âge de trente ans, en 1831, il y
avait siégé jusqu'à la révolution avec voix consulta-
tive. Admis en 1826, dans la réunion des pairs con-
stitutionnels, il s'était vu chargé plusieurs fois de
présenter des amendemens dont l'intervention des
plus influens d'entre eux venait ensuite assurer le
succès. L'année suivante, il avait fait échec au
comte de Peyronnet, candidat au grand collége de
Bourges, et à la suite de la révolution de juillet, la
4e légion de la garde nationale le nommait colonel,
préférablement à M. Ternaux et au général Bertrand.

En même temps, la confiance du baron Louis le chargeait, avec MM. de Schonen et Duvergier de Hauranne, de la liquidation de l'ancienne liste civile et lui confiait l'administration provisoire du domaine de la couronne. Enfin, peu de jours avant son entrée au ministère, il venait de monter à la tribune de la chambre des pairs,et d'obtenir de ses collègues qu'ils fissent comparaître devant eux le comte de Kergorlay[1], un des leurs, auteur d'une lettre insultante pour la royauté nouvelle.

C'est à ce jeune homme de vingt-neuf ans, distingué déjà par M. de Martignac, qui voulait lui ouvrir le conseil d'état et qui, sur son refus, le nomma conseiller général du département du Cher, que M. Laffitte avait fait offrir le poste périlleux de ministre de l'intérieur. Le général Sébastiani était chargé de cette mission. M. de Montalivet commença par décliner l'honneur redoutable et la lourde responsabilité qu'on voulait lui imposer; mais le général insista. Il rappela à son interlocuteur qu'en 1826 M. Laffitte le voulait pour gendre; il ajouta que, si ce projet, dont le poète Béranger avait pris l'initiative en même temps que M. de Kératry[2], ne s'était

1. Né en 1769, mort en 1856.
2. Né à Rennes en 1769, mort en 1859.

pas réalisé, le ministre des finances n'en avait pas moins conservé pour le jeune pair des sentimens de confiance et d'estime. Il énuméra les services déjà rendus par M. de Montalivet, les circonstances qui l'avaient mis en évidence. Ces services justifiaient le ministère d'avoir songé à l'appeler dans son sein, malgré sa jeunesse. Cette jeunesse, au surplus, n'était-elle pas une qualité, après une révolution dans laquelle l'École polytechnique, d'où sortait M. de Montalivet, avait joué un si grand rôle? Pour traverser la dangereuse épreuve du procès des anciens ministres de Charles X, pour lutter avec succès contre les passions aveugles qui s'efforçaient de faire violence à la cour des pairs par un coupable appel à la vengeance du peuple, ce qu'il fallait avant tout, chez le ministre de l'intérieur, c'était l'action, l'énergie, la popularité. M. de Montalivet avait reçu cette triple force de ses études, de ses idées libérales, de l'élection de la garde nationale. Il devait la mettre au service de la France, quand même il trouverait quelque témérité à accepter une mission que, de son côté, le ministère lui offrait, parce qu'il avait la plus grande confiance dans son succès.

M. de Montalivet ne se laissa pas fléchir par ces

flatteuses obsessions; mais le même jour, le roi, l'ayant fait appeler, lui dit :

« Ce n'est pas un ministère que je vous prie d'accepter, c'est une responsabilité. Ne voulez-vous pas m'aider à sauver la vie des ministres? »

M. de Montalivet, bien qu'il n'eût eu jusqu'à ce jour avec le duc d'Orléans que de rares relations et le connût fort peu, céda sur-le-champ et n'hésita plus à jouer, sur la chance redoutable d'une seule journée, l'avenir de sa carrière politique tout entière [1].

A peine constitué sur ces bases nouvelles, le ministère Laffitte se trouva uni dans un sentiment commun, conforme à celui du roi, et dans la résolution de tout tenter pour repousser les exigences révolutionnaires aussi bien que pour sauver la vie des anciens ministres. L'influence de M. de Lafayette, celle de M. Odilon Barrot, y étaient encore puissantes, surtout dans la personne de M. Dupont de l'Eure; mais elles tendaient à s'affaiblir, et leur échec définitif devait succéder au dénoûment du procès. On sait en effet que, peu de jours après la condamnation de M. de Polignac et de ses collègues, M. de Lafayette fut contraint d'abandonner le com-

1. Mémoires inédits.

mandement suprême des gardes nationales de France, supprimé par un vote de la chambre, et que M. Odilon Barrot un peu plus tard quitta la préfecture de la Seine, où son libéralisme imprudent et complaisant ne pouvait plus tenir contre le libéralisme plus habile et plus ferme de M. de Montalivet[1].

Il convient d'ailleurs d'ajouter que ni M. de Lafayette ni M. Odilon Barrot n'étaient partisans de la peine capitale. Eux aussi voulaient une solution plus humaine et souhaitaient que le sang ne fût pas versé ; mais leur erreur consistait à croire qu'on pouvait attendre la clémence de la générosité de la garde nationale et de la population de Paris. Mieux éclairé, le ministère était convaincu que la fermeté de son attitude pouvait seule avoir raison des passions qui commençaient à s'agiter autour de la cour des pairs. Au prix même de sa popularité, et sans la marchander plus que ne la marchandait le roi, qui se vouait tout entier à l'accomplissement de cette œuvre courageuse, il entendait résister à des exigences dont le triomphe eût déshonoré, en l'affaiblissant, le gouvernement de juillet et peut-être préparé sa chute.

1. Nous racontons dans les dernières pages de ce livre et d'après des documens inédits le récit détaillé de la démission du général de Lafayette, fort peu connu encore aujourd'hui, et qui fut alors un événement considérable.

Il trouvait des complices dans l'immense majorité de la haute assemblée qui siégeait au Luxembourg, nous aurions dit dans l'unanimité, si cette unanimité n'eût été détruite par la colère d'une douzaine de pairs acharnés contre M. de Polignac, résolus à le sacrifier, et allant jusqu'à prétendre que le sacrifice du principal accusé sauverait les trois autres.

A la chambre des députés, où les passions du dehors recrutaient des complices en plus grand nombre, le parti de la clémence trouvait cependant des adeptes éloquens et convaincus. Dans la séance du 9 novembre, quelques phrases de M. Odilon Barrot sur l'adresse au roi contre la peine de mort amenèrent M. Guizot à la tribune. Comme, en s'y rendant, il passait devant M. Casimir Perier, ce dernier lui dit :

« Vous ferez d'inutiles efforts; vous ne sauverez pas la tête de M. de Polignac. »

M. Guizot s'exprima en ces termes : « Je ne porte aucun intérêt aux ministres tombés, je n'ai avec aucun d'eux aucune relation; mais j'ai la profonde conviction qu'il est de l'honneur de la nation, de son honneur historique, de ne pas verser leur sang. Après avoir changé le gouvernement et renouvelé la face du pays, c'est une chose misérable de venir

poursuivre une justice mesquine à côté de cette justice immense qui a frappé, non pas quatre hommes,
mais un gouvernement tout entier, toute une dynastie. En fait de sang, la France ne veut rien d'inutile.
Toutes les révolutions ont versé le sang par colère,
non par nécessité; trois mois, six mois après, le sang
a tourné contre elles. Ne rentrons pas aujourd'hui
dans l'ornière où nous n'avons pas marché, même
pendant le combat. »

La chambre accueillit ces paroles avec une émotion sympathique. M. Royer-Collard dit à M. Guizot :

« Vous ferez de plus grands discours; vous ne
vous ferez jamais à vous-même plus d'honneur. »

M. de Martignac, s'asseyant à côté de l'orateur
pour le remercier du secours qu'il venait d'apporter
aux anciens ministres, ajouta :

« C'est grand dommage que cette cause ne se juge
pas ici et en ce moment; elle serait gagnée. »

Ainsi, devant les clameurs de la rue, commençait
une généreuse et humaine conjuration dont il nous
reste maintenant à raconter les péripéties et la victoire.

IV.

A la cour des pairs, l'instruction judiciaire se poursuivait. De tous les ministères arrivaient au président des pièces à l'appui, propres à éclairer les juges. Des incidens singuliers se produisaient. On recherchait au parquet de la Seine les mandats d'amener que l'ancien ministère était accusé d'avoir dressés contre des députés et des journalistes, et l'on n'en trouvait aucune trace. Un malfaiteur enfermé dans les prisons de Toulouse déclarait spontanément avoir reçu de M. de Polignac l'ordre d'allumer des incendies en Normandie. On l'amenait à Paris pour le mettre en présence de l'ex-président du conseil, et en y arrivant, il rétractait sa déclaration, laissant entendre qu'elle était sans fondement, qu'il ne l'avait faite que pour se procurer l'agrément d'un voyage et se ménager une occasion de fuir. Un sieur Lizoire, inventeur de projectiles, prétendait avoir reçu une commande de bombes destinées à être employées contre l'insurrection, et pour démontrer la fausseté de son assertion, il ne fallait rien moins qu'une lettre du général Sébastiani attestant que les engins de Lizoire étaient absolument inoffensifs.

En même temps, le président recevait des lettres signées ou anonymes pour et contre les ministres. Nous avons eu la patience de dépouiller aux archives de France le volumineux dossier de ces documens ignorés. L'orgueil de l'homme, sa générosité, sa naïveté, sa sottise, s'étalent là en toute liberté.

Voici d'abord les dénonciateurs. Celui-ci a entendu M. de Polignac donner des ordres sanguinaires; celui-là a vu le duc de Raguse tirer sur le peuple. Un troisième n'a rien vu, mais il connaît un individu dont le frère peut fournir des renseignemens précieux. Un quatrième aspire à faire à la cour des révélations importantes; il ajoute « qu'aucun motif de vaine célébrité ne l'a dirigé, bien qu'il attache à cette circonstance de sa vie une importance relative à sa grandeur. » Un médecin veut être entendu le 8 décembre; en réalité il n'a rien à dire et ne cherche qu'à se procurer, comme témoin, un billet d'entrée dans la salle des séances, billet qu'il ne peut obtenir, ainsi que cela résulte des plaintes qu'il adresse le 16 au grand référendaire de la chambre des pairs.

Les griefs privés se mêlent aux griefs politiques. Le subrogé-tuteur de l'héritier de M. de Lally-Tollendal se plaint d'un déni de justice dont son pupille a été l'objet. De bonnes âmes présentent des argumens en faveur des ministres accusés. Un anonyme raconte que le prince de Polignac lui a fait la charité à Londres; un commissaire de police de la Gironde affirme que M. d'Haussez lui a dit un jour être l'ennemi des lois d'exception.

Les fous ne manquent pas à la collection. Il en est un qui aspire à présenter la défense des coupables et débute ainsi : « Très nobles et puissans seigneurs, de toutes les ambitions qui ont dévoré le cœur de l'homme depuis qu'il existe, jamais aucune d'elles ne fut plus caractérisée que celle qui me parle déjà depuis l'âge le plus tendre. » Un autre se dit « chargé par Clio de composer l'histoire de la révolution. » Une lettre sans signature dénonce aux pairs la conspiration qui s'organise contre eux pour les massacrer si les ministres ne sont pas condamnés. Un esprit fort demande que la France entière soit constituée en jury pour prononcer sur leur sort. Enfin un philanthrope propose de substituer, en cas de condamnation, deux têtes à celles des condamnés. « Je serai à l'échafaud, s'écrie-t-il, à neuf heures du soir. »

A côté de ces folies, les menaces. On écrit de Lyon : « La France et l'Europe entière ont les yeux sur vous. Malheur! malheur! Si les ministres sont condamnés, la Vendée, le Midi et les braves gens des autres villes de France les vengeront. Malheur à Paris l'infâme! Elle doit être brûlée. Vive Henri V! » On écrit de Paris : « Malheur à vous, si vous ne présentez pas un juste arrêt de mort. Mort ou vengeance! Le peuple attend! »

Puis, c'est une lettre de la duchesse de Raguse, demandant au nom de son mari qu'une enquête soit ouverte afin de rechercher : « 1° si l'ordre confidentiel du 20 juillet était destiné à protéger les ordonnances et en assurer l'effet, ou si au contraire ce n'était qu'une formule militaire en usage depuis dix ans; 2° si l'ordonnance du 25 juillet qui confia le commandement au maréchal lui a été communiquée avant le 27; 3° si les chefs de corps ont eu l'ordre écrit de tirer sur le peuple sans ménagement, ou si au contraire une extrême modération leur avait été recommandée. »

Enfin, dans le même dossier, nous pouvons prendre

connaissance de trois pièces trouvées après la bataille, dans le jardin des Tuileries ou aux environs. La première est un billet du prince de Polignac au duc de Raguse, l'engageant à faire savoir aux insurgés « que le roi donnera de l'argent à ceux qui abandonneront les rangs de l'émeute et que les autres au contraire seront traduits devant un conseil de guerre. » La seconde et la troisième sont des adjurations adressées l'une « aux Français, » pour les convaincre qu'ils doivent défendre leurs libertés menacées, l'autre à Charles X, le 26 juillet, pour lui faire savoir « que sa tête est mise à prix. » On est heureux de placer à côté de ces violences les lettres éloquentes que l'Académie et le barreau de Lyon adressaient à la cour des pairs afin de recommander M. de Chantelauze à la générosité de ses juges.

Le 29 novembre, l'instruction était close, et **M.** de Bastard en rendait compte à ses collègues dans un volumineux rapport qui n'est, à vrai dire, qu'une édition nouvelle de l'acte d'accusation, déjà dressé par la commission de la chambre des députés. Il convient cependant d'observer qu'il y est fait preuve de plus de modération à l'égard des accusés. Les événemens y sont racontés avec une irréprochable impartialité; le désir de rechercher la vérité s'y

retrouve à toutes les pages, avec la volonté de ne
pas charger les ministres au gré des passions du
dehors.

De l'examen des ordonnances, il résultait pour
le rapporteur qu'en les publiant, les ministres de
Charles X avaient violé la Charte. Il admettait cependant qu'ils n'avaient ni prémédité longtemps à l'a-
vance cette violation criminelle, ni prévu ses résultats. Il cherchait ensuite à distinguer dans leur
responsabilité collective la part qui pesait plus spécialement sur chacun d'eux. Il attribuait à M. de
Polignac la culpabilité la plus grande. Il déplorait
son aveugle confiance, lui reprochait la mise en état
de siége de Paris, la résistance opposée par lui à la
suspension des hostilités; mais, passant sur ces faits,
qu'il appuyait de preuves et de témoignages, il terminait la première partie de son travail en déclarant
que la seule signature des ordonnances constituait
à ses yeux le véritable crime de M. de Polignac et de
ses collègues. Dans la seconde partie, il s'appliquait
vainement à découvrir la cause des incendies de
Normandie, dans lesquels il voyait le résultat d'un
complot; mais il était obligé de reconnaître qu'il
n'existait aucune preuve de la complicité des ministres dans cet exécrable attentat. Dans la troisième

partie enfin, il s'efforçait, en démontrant la compétence de la chambre des pairs, de répondre à des observations préjudicielles déjà faites par les accusés et qui devaient être reproduites dans leur défense.

Après avoir entendu la lecture de ce rapport, la cour des pairs rendit un arrêt par lequel elle traduisait devant elle les ministres accusés, absens ou présens, sans que l'instruction de la contumace pût retarder le jugement des détenus. Elle décida en outre qu'il ne serait admis dans les débats aucun intervenant ou partie civile, tous les droits étant d'ailleurs réservés. D'accord avec le gouvernement, l'ouverture de ces débats fut fixée au 15 décembre.

Il n'est pas inutile de rappeler qu'à diverses reprises, il avait été question de les ajourner à six mois. Dans les premiers jours de novembre, notamment, le nouveau ministère, en présence du déchaînement des passions révolutionnaires, avait examiné ce projet d'ajournement comme un sérieux moyen de dénouer la crise. Mais MM. de Montalivet, Barthe et d'Argout, opposés à tout retard pouvant être interprété comme un acte de faiblesse ou une concession aux violences populaires, avaient pu sans peine démontrer qu'un tel expédient, loin d'apaiser la crise et de la dénouer, ne faisait que l'aggraver en

enlevant au cabinet le moyen de prouver sa force,
et en laissant livré à toutes les angoisses, à l'ap-
proche du jour de l'an, le commerce de Paris. Le
président avait adhéré à ces motifs que le ministre
de l'intérieur s'était fait un devoir de lui exposer[1].
On touchait donc à la crise; on entrait dans ce que
M. Guizot a heureusement appelé « le défilé du procès des ministres. » Les bonnes volontés étaient
prêtes, les dévoûmens allaient s'élever à la hauteur
des périls, et ce fut l'honneur et le mérite des hommes
mêlés à ces dramatiques péripéties de n'avoir pas
perdu un seul instant l'énergie, le courage et l'espérance.

1. *Documens inédits communiqués à l'auteur.*

V.

Aux approches du procès, l'agitation augmentait dans Paris. Elle se traduisait par les manifestations bruyantes de la rue, les placards séditieux, par des scènes de violence aux théâtres, dans les écoles, aux portes des deux préfectures, où les ouvriers sans travail allaient demander de l'ouvrage et du pain. Si l'on ajoute à ces symptômes d'un état révolutionnaire menaçant, la détresse des affaires, la multiplicité des faillites, la crainte de la guerre, l'audace de la démagogie, un mécontentement général, l'on pourra se rendre compte de la physionomie de Paris au moment où les anciens ministres de Charles X allaient comparaître devant leurs juges.

Le 10 décembre, à sept heures du matin, M. de Polignac et ses collègues, à l'exception de M. de Chantelauze, que son état maladif retint à Vincennes jusqu'au soir, furent transférés, sous la protection d'une imposante escorte, du château dans lequel ils venaient de passer trois mois au palais du Petit-Luxembourg, où un appartement avait été transformé en prison pour les recevoir. M. de Montalivet présidait à ce transfèrement. Cinq jours après, le 15 décembre, le procès commençait.

Avant l'ouverture de la séance publique, le président Pasquier réunit les pairs en conférence dans la chambre du conseil et leur fit connaître, dans une allocution brève et ferme, l'étendue de leurs devoirs et de leurs droits, en même temps qu'il établissait, par les précédens, que la direction des débats lui appartenait exclusivement [1].

Une foule énorme restait groupée aux abords du palais dont les cours et les issues étaient gardées par les troupes de ligne, plusieurs piquets de cavalerie et de forts détachemens de la garde nationale. Deux colonels de cette garde, MM. Lavocat et Feisthamel [2]

---

1. Archives nationales.

2. Le colonel Feisthamel était un ancien officier de l'armée royale démissionnaire lors de la publication des ordonnances. Le colonel Lavocat avait appartenu aux sociétés secrètes. Il avait été même condamné deux fois à mort par la cour des pairs et la seconde fois, sur la réquisition de M. de Peyronnet. Il fut cependant le plus utile auxiliaire de M. de Montalivet, quand il fallut sauver les ministres condamnés. On reconnut ultérieurement ses services en lui donnant la direction des Gobelins.

étaient chargés spécialement de veiller à la sûreté des accusés. Sous les ordres du général de Lafayette et du président, le général Fabvier[1] avait le commandement supérieur de toutes les troupes, d'un effectif d'environ 2,000 hommes, y compris la police. Le palais était exceptionnellement fortifié par des grilles et des enceintes improvisées; on n'y pénétrait qu'avec des cartes sévèrement contrôlées. Ces diverses mesures, ainsi que le choix des officiers à préposer à la garde du Luxembourg, avaient été arrêtés entre le marquis de Sémonville, grand référendaire du Sénat, le général de Lafayette, le ministre de la guerre et le ministre de l'intérieur[2]. Ce dernier, le préfet de la Seine, le préfet de police exerçaient eux-mêmes une active surveillance de tous côtés, afin d'être assurés que les instructions données depuis plusieurs jours étaient rigoureusement observées.

Vers onze heures, la cour entra en séance, et les pairs occupèrent leurs siéges. La salle offrait un aspect saisissant. Le corps diplomatique, la chambre des députés, les cours, les tribunaux, le barreau, les représentans de la presse, les députations des écoles

---

1. Né à Pont-à-Mousson en 1782, mort en 1855. Il avait pris une part active à la guerre de l'indépendance de la Grèce. Il devint après 1830 lieutenant général, pair de France et ambassadeur.

2. *Documens inédits communiqués à l'auteur.*

avaient des tribunes réservées. Une foule compacte remplissait les tribunes publiques. Parmi les hommes appelés à tenir un rôle dans ce grand débat, cette foule désignait les plus illustres : entre les pairs, ceux qui avaient été les juges du maréchal Ney ; au fauteuil, ce fin et habile baron Pasquier, qui préludait à sa glorieuse présidence de dix-huit ans par une épreuve solennelle de laquelle il devait sortir victorieux ; au banc des commissaires, placé à la gauche du président et faisant face aux accusés, MM. Béranger, Madier de Montjau et Persil, solennels et graves, revêtus de l'ancien costume des députés, dont les manches et le collet n'étaient plus ornés des fleurs de lys ; sur les bancs de la défense, M. de Martignac avec son visage sympathique et doux, encadré de longs cheveux et qui trahissait par sa pâleur les émotions de l'ancien ministre sur qui portait la plus lourde part dans la responsabilité de la défense ; M. Paul Sauzet, avec sa haute taille, mince et flexible, ses traits altérés et son regard brillant ; MM. Hennequin et Crémieux, alors dans tout l'éclat d'une célébrité que la politique laissait encore intacte.

Il fut procédé d'abord à l'appel des pairs : trois cent soixante-trois répondirent ; vingt-neuf étaient absens : dix-neuf excusés pour des motifs de santé, trois parce qu'ils étaient retenus loin de Paris par des missions diplomatiques; le duc de Gramont, à cause de sa parenté avec l'un des accusés; le maréchal Soult et le comte de Montalivet, à raison de leurs fonctions ministérielles; l'abbé de Montesquiou, par suite de son caractère ecclésiastique; MM. de Sémonville, de Glandèves et de Chabrol-Crouzols, parce qu'ils figuraient au procès comme témoins.

Après cette formalité, on introduisit les accusés. Leur attitude imposa sur-le-champ le respect. M. de Polignac souriait en adressant autour de lui quelques saluts; M. de Chantelauze se traînait avec peine et semblait accablé; M. de Peyronnet affectait un air affligé, qui n'enlevait rien à sa fierté. Quant à M. de Guernon-Ranville, après avoir serré la main de son défenseur, il se plongea dans la lecture d'une brochure, affectant de ne rien regarder de ce qui se passait autour de lui.

La cause s'ouvrit par les questions d'usage aux accusés. Après y avoir répondu, ils déposèrent les protestations et les réserves qu'ils avaient déjà faites touchant l'incompétence de la cour, et que leurs défenseurs devaient développer. Puis, le président donna la parole aux commissaires de la chambre des députés. L'un d'eux, M. Bérenger, exposa d'abord l’objet et les moyens de l’accusation, laquelle n’offrait plus qu’un intérêt secondaire, les faits qu’elle avait à dénoncer et les argumens qu’elle devait faire valoir ayant été énumérés longuement dans les deux rapports qui lui servaient de base.

Il n’est pas cependant inutile de signaler en passant le caractère un peu suranné, même pour le temps, de la parole des accusateurs. L’éloquence parlementaire et judiciaire était alors en voie de transformation. Tendant à se rajeunir dans la bouche des Martignac, des Guizot, des Sauzet, des Berryer, des Dupin, elle gardait encore dans l’accent d’hommes tels que MM. Bérenger, Madier de Montjau et Persil, une physionomie solennelle et compassée qui rend aujourd’hui difficile et ingrate la lecture de leurs rapports et de leurs réquisitoires. Au surplus, on n’attend pas que nous insérions ici des documens volumineux où le récit des événemens déjà connus est encadré dans des objurgations passionnées, froidement calculées et débitées froidement; nous n’en devons retenir que ce qui est nécessaire à l’histoire de cette cause mémorable.

M. Bérenger résuma ainsi les charges qui pesaient sur les accusés : « La presse périodique détruite, la censure rétablie, les opérations des colléges, audacieusement annulées sous le prétexte d'une dissolution, nos lois électorales abrogées et remplacées par un vain simulacre d'élections, la force des armes inhumainement employée pour comprimer l'indignation et pour assurer le succès de ces désastreuses mesures, voilà les crimes dont la réparation est due au pays. » A ce premier réquisitoire succéda l'appel des témoins au nombre de trente et un à charge et de dix à décharge.

Puis le président procéda à l'interrogatoire des accusés. Celui de M. de Polignac devait offrir et offrit plus d'intérêt que celui de ses collègues. Après avoir refusé de s'expliquer sur ce qui s'était passé dans le conseil qu'il présidait et de nommer les ministres rédacteurs des ordonnances, l'accusé nia avoir eu connaissance de manœuvres illégales commises pendant les élections ; il se défendit énergiquement d'avoir eu l'intention de violer la Charte et prémédité les ordonnances, dont la pensée n'était née que quelques jours avant leur signature, de n'avoir pas concouru de tous ses efforts à arrêter l'effusion du sang. Aucun des ordres donnés à la troupe n'émanait de lui ; s'il n'avait pas tenu compte immédiatement de la démarche faite auprès du ministère par des députés pour obtenir la cessation du combat, s'il avait refusé de les recevoir, c'est qu'il ne pouvait leur répondre sans avoir consulté le roi. En revanche, aussitôt après la visite de MM. de Sémonville et d'Argout au maréchal Marmont, et après l'entretien qu'il avait eu lui-même avec les deux pairs, il les avait précédés à Saint-Cloud pour donner sa démission et faire retirer les ordonnances. Quant à l'argent distribué aux troupes sur la place du Carrousel dans la matinée du 29, la distribution en avait été faite sans son ordre, qu'il eût refusé si on le lui eût demandé.

M. de Peyronnet repoussa vivement le reproche d'avoir ordonné des mesures illégales pendant les élections. Il invoqua une circulaire adressée par lui aux préfets le 15 juin, pour leur enjoindre de respecter la liberté des électeurs. Il reconnut avoir rédigé l'ordonnance de dissolution; mais, tout en laissant entendre qu'il s'était efforcé d'abord de s'opposer au système qui avait prévalu, il refusa de faire connaître l'opinion exprimée par ses collègues dans les conseils où ce système avait été discuté. Sur les points de l'accusation qui étaient communs à lui et à eux, il confirma les dires de M. de Polignac.

M. de Chantelauze déclara n'avoir pas désiré le renversement du ministère Martignac, encore qu'il souhaitât alors quelques modifications dans la marche du gouvernement. Il ne nia pas avoir employé des « moyens légaux » pour diriger les votes des magistrats; mais il n'avait mis aucun prix à cet acte de conscience. Il n'avait prononcé qu'une destitution, et encore était-ce pour un motif étranger à la politique. Comme ses collègues, il refusa de divulguer les délibérations du conseil; mais il avoua être l'auteur du rapport sur la presse, tout en faisant remarquer que l'ordonnance contre les journaux n'était que provisoire et devait être convertie en loi. Aux questions que le président lui adressa pour savoir s'il avait participé à la direction des mouvemens militaires, il répondit par une dénégation formelle.

« J'aurais voulu pouvoir arrêter l'effusion du sang, dit-il; plus que personne j'ai gémi du malheur des trois journées et du sort des victimes qui sont tombées; mais il ne m'appartenait pas de provoquer des mesures à cet égard. »

M. de Guernon-Ranville, interrogé le dernier, rappela qu'en entrant dans le cabinet du 8 avril, il dit à M. de Polignac que « la Charte était son évangile politique. » Il se défendit d'avoir employé des menaces ou des promesses pour obtenir les suffrages des fonctionnaires, et cita une de ses circulaires dans laquelle il les adjurait de consacrer leur influence à faire élire des députés « fidèles au roi et au pays. » Il avoua n'avoir pas partagé l'opinion de ses collègues sur les ordonnances et les avoir combattues. Il ne les avait ensuite signées que pour se conformer à la décision de la majorité.

« Dans les deux journées que nous avons passées aux Tuileries, ajouta-t-il, il n'est pas un de nous qui n'eût voulu racheter au prix de son sang les malheurs qui désolaient la capitale ; mais en ce moment il était impossible de prendre aucune détermination ; ce n'était qu'à Saint-Cloud, en présence du roi, qu'elle pouvait être prise. »

VI.

Ces interrogatoires avaient occupé la plus grande partie de la première séance. On entendit cependant plusieurs témoins : M. Billot, ex-procureur du roi, qui déclara n'avoir pas participé à l'ordre donné un moment d'arrêter un certain nombre de députés; le maréchal Gérard, qui rendit compte de la démarche faite par lui comme député et par quatre de ses collègues, MM. Casimir Perier, Laffitte, le comte de Lobau et Mauguin, le 28 juillet, auprès du duc de Raguse pour faire cesser le combat; le comte de Chabrol-Volvic, ex-préfet de la Seine, à qui M. de Peyronnet avait dit le 26 juillet « que si le gouvernement était sorti, en vertu de l'article 14 de la Charte, de son caractère légal, c'était pour y rentrer très prochainement; » M. de Champagny, directeur du ministère de la guerre, qui attesta la sollicitude déployée par M. de Polignac pour arrêter les incendies de Normandie.

L'audition des témoins continua pendant toute la séance du lendemain. Il y eut ce jour-là des dépositions empreintes du plus dramatique intérêt. Ce fut d'abord M. Laffitte qui, reprenant le récit fait la veille par le maréchal Gérard, présenta un saisissant tableau des angoisses du duc de Raguse pendant le combat et le montra pénétré de l'horreur de sa situation, n'osant prendre sur lui de faire cesser les hostilités, n'attendant qu'un ordre qui n'arrivait pas et qui ne fut provoqué par M. de Polignac que le 29 juillet, c'est-à-dire le troisième jour de l'insurrection, alors qu'elle était déjà victorieuse; puis ce fut M. de Komierowski, aide-de-camp du duc de Raguse. Il raconta que le maréchal n'avait eu connaissance des ordonnances qu'après la publication, et qu'il avait dû quitter Saint-Cloud le 26 juillet sans pouvoir se procurer le *Moniteur* qui les contenait[1]. Il ajouta que le 28, à midi, il avait été chargé par le maréchal de porter au roi une dépêche

1. Un ordre de Charles X avait arrêté, le 26 juillet, nous l'avons dit, la circulation du *Moniteur* dans le palais de Saint-Cloud. Le roi ne voulait pas connaître les impressions causées autour de lui par les ordonnances. Mme de Gontaut, gouvernante des enfans de France, mise exceptionnellement dans la confidence de ses projets, ayant manifesté des craintes sur l'issue de la crise, Charles X lui reprocha d'avoir mauvaise tête et railla ses alarmes.

qui décrivait l'état de Paris et réclamait une prompte
détermination, et qu'après une longue attente le roi
lui avait ordonné de dire au maréchal « de tenir, de
réunir ses forces sur la place du Carrousel et d'agir
avec des masses. »

Un autre aide-de-camp de Marmont, M. de Guise,
confirma ce témoignage et prouva que la cour avait
été plusieurs fois informée de la gravité du péril que
le défaut de résolution faisait courir à la dynastie.
On entendit également M. François Arago rendre
compte de ses entretiens avec le duc de Raguse pendant la journée du 28. L'illustre témoin émut singulièrement ses auditeurs en rapportant le trait suivant. En attendant le maréchal qui l'avait quitté pour
aller recevoir la députation que conduisait M. Laffitte,
il causait avec un aide-de-camp, le chef d'escadron
Delarue, et lui racontait qu'en parcourant différens
quartiers, il avait vu les troupes fraterniser avec le
peuple. La gravité de ce renseignement alarma
M. Delarue, qui voulut le faire connaître au prince
de Polignac. Il s'éloigna, laissant M. Arago seul; mais
il revint au bout de quelques instans et s'écria :

« Nous sommes perdus! Notre premier ministre
n'entend même pas le français. Lorsqu'on lui a dit
que les troupes fraternisaient avec le peuple, il a

répondu : « Eh bien! il faut aussi tirer sur les troupes. »

La déposition de M. Arago causa dans l'auditoire une certaine émotion. M. de Martignac, se levant au milieu du trouble de l'assemblée, fit observer à la cour que le témoin n'avait pas entendu lui-même cette criminelle parole et que le témoignage direct de M. Delarue ne pouvait malheureusement être invoqué, cet officier se trouvant à l'étranger.

Mais de toutes les dépositions, la plus impatiemment attendue et la plus émouvante fut celle du marquis de Sémonville. Le grand référendaire de la cour des pairs avait à raconter la démarche que le 28 juillet il avait faite, en compagnie de son collègue M. d'Argout, auprès des ministres d'abord, à Saint-Cloud ensuite. Il entra pâle, chancelant, accablé par le poids de ses souvenirs plus encore que par la vieillesse, et, s'appuyant contre le dossier d'un fauteuil apporté à son intention, il commença son récit. Dans sa physionomie, dans sa parole, dans son attitude, dans son geste, il y avait une solennité apprêtée, un peu théâtrale, bien conforme d'ailleurs au caractère de ce spirituel et malin personnage duquel on disait qu'il était un incomparable comédien; mais sa relation traitait d'événemens d'un si puissant intérêt que l'émotion qu'il laissait voir en parlant devait être aussi sincère que celle qu'on ressentait autour de lui en l'écoutant.

Il raconta donc comment, le 28 juillet, il s'était rendu à l'état-major où il avait trouvé le maréchal Marmont en proie au plus visible désespoir; comment ayant demandé à voir le prince de Polignac, et ce dernier étant venu, il lui avait parlé « avec une violence qui touchait presqu'à l'outrage » en lui enjoignant d'arrêter l'effusion du sang. « L'élévation de ma voix et de celle de M. d'Argout, dit-il dans son récit, amena dans le salon où nous étions, d'une part les officiers généraux et les officiers de l'état-major qui étaient dans la première pièce, et de l'autre tous les ministres. Dès ce moment l'entretien, la discussion, je ne pourrais pas dire la dispute, devint général. On pria les officiers de se retirer, et nous restâmes avec les ministres. » Dans ce conseil, M. de Polignac, supplié par le témoin de faire cesser les hostilités, se retranchait derrière l'autorité du roi, « toujours avec le même calme et la même politesse. Les autres ministres semblaient être de notre opinion, mais craignaient de la manifester, à ce qu'il nous a paru. » Enfin M. de Polignac demanda à se retirer pour délibérer avec eux. Pendant ce temps,

M. de Sémonville et M. d'Argout proposèrent au maréchal d'arrêter les ministres. M. d'Argout se chargeait de faire connaître à la population de Paris la nouvelle de cette arrestation pendant que le duc de Raguse et M. de Sémonville iraient expliquer leur conduite au roi. Les indécisions du maréchal empêchèrent la réalisation de ce projet. M. de Sémonville et M. d'Argout partirent alors, suivis des ministres, pour Saint-Cloud, où ils virent le roi, et les ordonnances furent retirées.

Dans sa déposition, écoutée religieusement, le grand référendaire de la cour des pairs n'avait trahi aucun des détails de son entrevue avec le roi, détails dont il n'était pas question dans sa déposition écrite et qui par conséquent étaient complétement ignorés des juges comme du public. Sur l'observation du président qui fit délicatement allusion au serment de dire « toute la vérité » prêté par le témoin, ce dernier reprit :

« Je crois, j'ai toujours cru que les résolutions que je voulais combattre en entrant dans le cabinet du roi étaient personnelles, anciennes, profondes, méditées, le résultat d'un système tout à la fois politique et religieux. Si j'avais eu un doute à cet égard, il aurait été entièrement dissipé par ce dou-

loureux entretien. Toutes les fois que j'ai approché
du système du roi, j'ai été repoussé par son inébranlable fermeté; il détournait les yeux des désastres de Paris, qu'il croyait exagérés dans ma bouche,
il les détournait d'un orage qui menaçait sa tête et
sa dynastie. Je ne suis parvenu à sa résolution
qu'après avoir passé par son cœur, lorsqu'après avoir
tout épuisé, j'ai osé le rendre responsable envers lui-
même du sort qu'il pouvait réserver à Mme la dau-
phine, peut-être éloignée à dessein dans ce moment;
lorsque je le forçai d'entendre qu'une heure, une
minute d'hésitation pouvait tout compromettre, si les
désastres de Paris parvenaient sur son passage dans
une commune ou dans une cité, et que les autorités
ne pussent pas la protéger. Je le forçai d'entendre
que lui seul la condamnait au seul malheur qu'elle
n'eût pas encore connu, celui des outrages d'une
population irritée. Des pleurs ont alors mouillé les
yeux du roi; au même instant, sa sévérité a disparu,
ses résolutions ont changé, sa tête s'est baissée sur
sa poitrine; il m'a dit d'une voix basse, mais très
émue : « Je vais dire à mon fils d'écrire et d'assembler
le conseil. »

A la suite de cette importante révélation, M. de
Polignac, pressé d'en détruire l'effet, demanda à y

répondre. Il avoua que ce fut après la démarche de
MM. de Sémonville et d'Argout qu'il reconnut et que
ses collègues reconnurent avec lui que deux obligations s'imposaient au cabinet, celle de donner sa
démission et celle de retirer les ordonnances. C'est
dans ce sens qu'ayant précédé à Saint-Cloud M. de
Sémonville et M. d'Argout, il parla au roi [1]. Quant
aux paroles qu'on lui attribuait, il en désavouait la
signification en rappelant qu'il avait fait, pour mettre
un terme à la lutte engagée dans les rues de Paris,
tout ce qu'il pouvait. M. de Peyronnet appuya
ces observations, en rappelant qu'il s'était joint à
M. de Polignac pour faire connaître au roi l'opinion
du duc de Raguse.

L'audition des témoins fut terminée dans la séance
du 18 décembre, et M. Persil, l'un des commissaires
de la chambre des députés, procureur-général à
Paris, prononça son réquisitoire. Ce long discours,
dans lequel, à côté des revendications qu'il fit
entendre comme représentant de la loi, trouvèrent
place les opinions du député qui, dès son entrée dans
la chambre, juin 1830, s'était prononcé contre le

---

1. En arrivant à Saint-Cloud, il n'était entré chez le roi que pour
le préparer à recevoir M. de Sémonville et le supplier d'accepter la
démission du ministère.

13

ministère Polignac et avait ensuite protesté contre les ordonnances, était divisé en trois parties.

La première traçait l'histoire de la révolution, de ses causes, et s'attachait à en légitimer les résultats, en mettant en relief la conduite criminelle des ministres de Charles X, auxquels elle reprochait surtout d'avoir armé les soldats contre des citoyens inoffensifs, des femmes et des enfans, et de n'avoir pas, dès le 28 juillet, arraché au roi la révocation des ordonnances. La seconde était consacrée à démontrer la trahison du ministère, à justifier les bases de l'accusation. Quant à l'objection tirée de la violation de la Charte à l'égard du roi, violation qui, selon les accusés, détruisait leur responsabilité, l'orateur y répondait en disant : « La morale la plus commune exige que ceux qui ont commis la faute en supportent les conséquences. » La troisième partie du réquisitoire énumérait les motifs de la poursuite et résumait ainsi les trois chefs d'accusation : 1° abus de pouvoir afin de fausser les élections; 2° changement arbitraire et violent des institutions; 3° attentat à la sûreté de l'état; excitation à la guerre civile. Le ministère public abandonnait l'accusation en ce qui touchait les incendies.

En vain les conseillers de Charles X objectaient

pour se justifier les périls que courait la monarchie.
M. Persil soutint qu'au moment des ordonnances
aucun péril ne la menaçait, et il apporta la plus âpre,
la plus incisive éloquence pour établir la culpabilité
personnelle de chacun des accusés. Il conclut en ces
termes : « Nous vous demandons, messieurs, la condamnation des anciens ministres parce qu'ils ont
trahi les intérêts de la France, livré toutes ses
libertés, déchiré son sein, en y portant la guerre
civile. »

VII.

Les deux journées suivantes appartinrent à la
défense. Elles ne furent pas les moins brillantes ni
les moins glorieuses de ce mémorable procès. Elles
tirèrent leur éclat non pas seulement du talent des
défenseurs, mais aussi de leur courage et de leur
attitude intrépide, au milieu des passions populaires
qui grondaient, déchaînées et furieuses, autour du
palais du Luxembourg. M. de Martignac, à qui était
échue la tâche de diriger les plaidoiries et de traiter
les points généraux communs à tous les accusés,
parla le premier, au milieu d'un silence sympathique.
De tous les discours qui furent prononcés dans ce
procès, le sien est celui qui, par la forme, par les
sentimens qu'on y trouve, la générosité qui l'anime,
semble le mieux fait pour échapper à l'action du
temps. Comme, d'autre part, il résume les charges de
l'accusation dirigée contre les anciens ministres de

Charles X et les principaux argumens de leur défense, il y a lieu, à ces divers titres, d'en présenter une sommaire analyse:

« Une de ces grandes crises que la Providence permet sans doute pour l'instruction des peuples et des rois, dit-il d'abord, a renversé une dynastie, élevé un trône et fondé sur des bases nouvelles une autre monarchie héréditaire. Ce sceptre en éclats, cette couronne tombée, ces pouvoirs élevés sur les débris des pouvoirs détruits, cette réaction tempérée, mais immense, qui embrasse toutes les parties de notre corps politique, offrent à la méditation le plus vaste exemple des vicissitudes auxquelles sont soumises la vie des hommes et celle des états. » Après avoir décrit les grands changemens qu'une révolution de trois jours détruisant une monarchie de huit siècles avait imposés à la France, l'orateur ajoutait : « Au milieu de tant d'élémens passagers et mobiles, de tant de choses qui naissent de l'action et que la réaction détruit, une seule reste immuable, éternelle, inaccessible aux passions, indépendante du temps et des événemens : c'est la justice... C'est cette justice qui peut braver l'histoire, parce qu'elle sait d'avance être impartiale comme l'histoire, devant laquelle se présente un ministre du roi tombé, un ministre dont le souvenir se mêle à des malheurs, à des désastres, à du sang versé, dont le nom a été souvent prononcé au milieu de l'irritation et de la colère, et que la prévention elle-même doit enfin sentir le besoin d'écouter. »

Puis, ayant exposé les motifs qui lui avaient fait un devoir d'accepter la défense du prince de Polignac, il traçait à grands traits l'histoire de la monarchie depuis 1827, parlant simplement et noblement de son ministère et du premier échec qui prépara sa chute imméritée. « Je ne vis point dans cet accident, continuait-il, un système arrêté d'opposition hostile; je pensai que la lutte n'était sérieusement engagée qu'entre la démocratie agissant vivement dans un système d'empiétement et le pouvoir royal obligé de défendre avec sagesse et fermeté ses prérogatives menacées. Je ne crus pas le trône lui-même attaqué, ni la dynastie sérieusement menacée. Mais ce que je n'ai pas cru, d'autres purent le croire. Le choc parlementaire supporté par le ministère donna à ceux dont ce système contrariait les vues les moyens de soutenir qu'il ne remplissait pas les conditions du gouvernement représentatif et n'avait pas une majorité acquise. D'un autre côté, on peignait la presse menaçante, travaillant incessamment

à détruire l'édifice social ; on montrait l'action toujours croissante exercée contre les élections par des
associations avouées; on répétait que cette action était
de nature à faire passer avant peu le pouvoir réservé
à la chambre élective dans des mains ennemies; on
demandait un rempart contre cette invasion imminente et l'on prédisait, en cas de persistance dans
le système suivi alors, les plus grands et les plus
inévitables malheurs. On évoqua de tristes souvenirs ; on parla des maux que la faiblesse avait cau-
sés, du sang qu'elle avait fait répandre, des devoirs
qu'imposait à la royauté le soin de sa conservation.
Ces paroles trouvèrent de la sympathie dans les
esprits occupés déjà des mêmes souvenirs, déjà frap-
pés des mêmes craintes, saisis des mêmes pressentimens. Le renversement du ministère fut résolu.

« Il existait alors un homme connu par sa longue
fidélité, par son dévoûment absolu à la dynastie
régnante, par son attachement sans bornes pour la
personne du roi Charles X, un homme éprouvé par
de grands dangers et de longs malheurs, qui avait
rarement habité la France et qui en connaissait peu
l'esprit et les dispositions; mais qui, ayant fait dans
un pays voisin une étude constante du gouvernement représentatif, avait réfléchi sur ses élémens

divers, sur son équilibre nécessaire, sur le contre-poids régulier que devait offrir à l'action populaire une aristocratie bien organisée. Cet homme, doué d'une piété sincère, dont les mœurs étaient pures, les manières affables et polies, était toutefois capable de résolution et de ténacité... C'était l'homme auquel on pouvait songer au jour du danger, non peut-être pour le conjurer, mais pour lutter contre lui avec une complète abnégation de soi-même... Déjà plusieurs fois Charles X avait voulu l'introduire dans ses conseils. Il avait voulu lui confier les affaires de l'extérieur, dès le commencement de l'année 1829; mais la résistance qu'il éprouva dans le conseil, et que les circonstances expliquaient suffisamment, avait fait abandonner ce projet. Le 3 août, M. Jules de Polignac fut appelé le premier au ministère des affaires étrangères. »

A cet exposé de la cause succédait un appel éloquent à la justice de la chambre des pairs, rendu nécessaire par les effervescences du dehors contre lesquelles la cour était tenue de se défendre; puis un appel à la clémence, car, sans songer à défendre la politique du dernier cabinet de Charles X, l'éminent orateur s'attachait à démontrer que les coupables avaient déjà reçu un châtiment terrible. Faisant ensuite allusion à la modération dont les vainqueurs avaient usé après la victoire, modération qui avait étonné l'Europe, il reprenait : « Mais ce n'est pas assez de cette victoire remportée pendant la violence de la lutte. C'est après le succès, lorsque les obstacles entraînés ont emporté avec eux l'exaltation qui les a détruits et n'ont laissé que la libre et facile jouissance conquise, c'est lorsque le temps de l'usage ou de l'abus est arrivé que les actions sont décisives pour marquer la place que doit occuper dans l'avenir le grand événement qui s'est accompli.

« L'acte que vous allez rendre, pairs du royaume, est celui auquel il est réservé de déterminer le caractère de la révolution de 1830 et d'en fixer le sort... Nos mœurs s'adoucissent; chaque jour la philanthropie s'avance vers des conquêtes nouvelles. Une législation se prépare qui conciliera, autant que notre siècle le permet, les intérêts de la sûreté commune avec les vœux de l'humanité. Déjà, depuis quelques mois, nos places publiques n'ont pas été contristées par le spectacle des échafauds. Quel serait l'intérêt pressant, le besoin réel, l'avantage possible pour notre pays, qui, dans un procès politique survenu, après tant de vicissitudes traversées en si peu d'années, pourrait nous déterminer à rendre le mouvement à cette hache arrêtée.

« Tout n'est-il pas consommé? La dynastie n'est-elle pas tombée avec le trône? Les vastes mers et les événemens, plus vastes encore que les mers, ne les séparent-ils pas de vous? Quel besoin peut avoir la France de la mort d'un homme qui s'offre à elle comme l'instrument brisé d'une puissance qui n'est plus? Serait-ce pour prouver sa force? Qui la conteste? qui peut la révoquer en doute? et quelle preuve serait-ce en donner que de frapper une victime que rien ne défend qu'une faible voix? Serait-ce pour satisfaire sa vengeance? Eh! messieurs, ce trône détruit, ces trois couronnes brisées en trois jours, ce drapeau de huit siècles déchiré en une heure, n'est-ce pas la vengeance d'un peuple vainqueur? Celle-là fut conquise au milieu des dangers, expliquée par le but et ennoblie par le courage; celle-ci ne serait que barbare, car elle n'est plus ni disputée, ni nécessaire. Serait-ce pour assurer le triomphe du pays vainqueur et pour consolider son ouvrage que le supplice d'un homme pourrait être réclamé? Ah! ce que la force a repris ou conquis, ce n'est pas la cruauté, ni la violence qui le conservent, c'est l'usage ferme, mais modéré, du pouvoir changé de mains, c'est la sécurité que cette modération fait naître, c'est la prospérité qu'elle encourage, c'est la protection qui promet l'ordre nouveau à ceux qui s'y soumettent ou s'y attachent. Voilà les véritables élémens de sa conservation; les autres ne sont que des illusions funestes qui perdent ceux qui les embrassent. Vous jetez les fondemens d'un trône nouveau; ne lui donnez pas pour appui une terre détrempée avec du sang et des larmes. »

C'est ainsi que M. de Martignac s'efforçait d'émouvoir les juges du prince de Polignac et de ses collègues. Un des membres de ce grand tribunal a esquissé en termes saisissans la physionomie de cette admirable plaidoirie :

« Sans vaine rhétorique, a écrit le duc de Broglie, sans affirmation de générosité à l'égard de ses anciens adversaires devenus ses humbles cliens, sans étalage de fausse sensibilité sur leur sort actuel ou d'appréhension exagérée sur leurs périls, il se plaça naturellement entre les vainqueurs et les vaincus. Il tint compte aux uns de la difficulté du temps et des hommes qu'il avait lui-même encourue, sans parvenir à la surmonter; il leur tint compte d'un dévoûment honorable même dans ses excès et digne d'une meilleure cause; il demanda compte aux autres de leur victoire et de l'emploi qu'ils allaient en faire. — Le sang que vous verseriez aujourd'hui, leur dit-il, pensez-vous qu'il serait le dernier? En politique comme en religion, le martyre produit le fanatisme et le fanatisme le martyre. Ces efforts seraient vains, sans doute; ces tentatives viendraient se briser contre une force et une volonté invincibles; mais n'est-ce donc rien que d'avoir à punir sans cesse et à soutenir des rigueurs par d'autres rigueurs? n'est-ce donc rien que d'habituer les yeux à l'appareil du supplice et les cœurs au tourment des victimes, au gémissement des familles? Le coup frappé par vous ouvrirait un abîme et ces quatre têtes ne le combleraient pas...

« En prononçant ces paroles d'un accent solennel et prophétique, M. de Martignac se retourna vers les accusés, les couvrit en quelque sorte d'une commisération respectueuse et les remit entre nos mains avec un mélange inexprimable de grâce et d'autorité. Cicéron lui-même aurait avoué l'action, le geste et le langage (1). »

A M. de Martignac succéda M. de Peyronnet, qui

---

1. Notes biographiques du duc de Broglie, citées dans notre livre *le Ministère de M. de Martignac, sa vie politique et les dernières années de la Restauration.*

voulut prendre la parole avant son défenseur pour
raconter brièvement sa vie, et qui parla pendant
quelques instans avec autant de calme que de simplicité. Aux actes reprochés à son ministère, il oppo-
sait ses services, des bienfaits ignorés, la liberté ou
la vie rendue par lui à 300 condamnés politiques.
« S'il me faut une rançon, elle est payée d'avance.
J'ai rendu à l'ennemi 300 têtes des siens pour la
mienne. » Parlant des ordonnances, il ajouta : « Pourquoi les ai-je signées? Ce secret est dans mon cœur
et n'en doit pas sortir. Il y est accompagné d'amer-
tume et de souvenirs douloureux... Le sang a coulé,
voilà le souvenir qui me pèse... Un malheureux
frappé comme moi n'a guère plus que des larmes, et
l'on doit peut-être lui tenir compte de celles qu'il ne
garde pas pour lui-même. »

Cette allocution attendrie facilitait la tâche de
M. Hennequin. Il n'eut plus qu'à suivre, jour par
jour, la conduite de M. de Peyronnet, à la justifier
par la lecture de documens et de preuves. Il lui rendit un éloquent hommage, allant jusqu'à dire que
les couronnes civiques avaient récompensé des services moindres que ceux de son client. « J'ai parlé
de couronnes! s'écria-t-il tout à coup. De couronnes! Malheureux, quand la patrie est en deuil!

Ah! des couronnes, c'est aux tombes qui se sont ouvertes qu'il faut les offrir, et non pas à l'homme si profondément malheureux de les avoir vues s'ouvrir! »

Le tour de M. Paul Sauzet était venu. En écoutant M. de Martignac trouver des accens généreux et pathétiques pour défendre son ancien adversaire et mettre au service d'une cause désespérée sa persuasive éloquence, l'assemblée tout entière avait été saisie de cet indicible émoi que tout grand spectacle éveille dans l'âme humaine. Elle éprouva une sensation analogue quand elle vit se lever le jeune avocat de Lyon et quand sa voix harmonieuse commença à se faire entendre. M. Paul Sauzet, ce jour-là, se couvrit de gloire. Inconnu la veille, il fut célèbre le lendemain. M. Royer-Collard déclara que, depuis Mirabeau, aucun discours plus frappant n'avait été prononcé, et l'historien Niebuhr[1], quelques semaines plus tard, couché sur son lit de mort, oubliait son mal pour se faire lire cette plaidoirie dont les auditeurs ont conservé le souvenir.

On ne saurait analyser une telle page; il faut la

1. Né à Copenhague en 1776, mort en 1831; auteur d'une savante histoire romaine, écrite en allemand et traduite en français par M. de Golbery. Niebuhr avait été l'un des amis les plus chers du comte de Serre.

lire pour l'admirer. M. Sauzet plaida la nécessité,
et, avec un art consommé, s'attacha à démontrer
que la Restauration devait fatalement faire ce qu'elle
avait fait, qu'elle ne pouvait pas ne pas le faire. Il
y avait guerre entre les Bourbons et la France, et la
liberté de la presse était incompatible avec leur gouvernement. C'est là ce qui justifiait M. de Chantelauze. « Il n'est pas de charte sans article 14, s'écria
l'orateur; quand il n'y est pas, la nécessité peut
forcer un jour à l'y mettre. C'est la nécessité qui est
l'interprétation vivante des chartes. Il faut toujours
un pouvoir prédominant. Cette vérité de l'histoire
s'appellera : ostracisme, dictature, lits de justice, et
chez nous régime des ordonnances. » Puis il déve-
loppa cette pensée que, la royauté ayant été frappée,
les ministres ne pouvaient plus être responsables. Il
demandait donc leur acquittement, au nom de la
justice et de la pacification des esprits.

Cette plaidoirie, commencée dans la séance du
19 décembre, ne s'acheva que dans la séance du
20. M. Crémieux, défenseur de M. de Guernon-Ranville, eut alors la parole. Il y avait déjà en faveur de
son client une réaction générale. Il ne songea donc
qu'à le faire absoudre d'un moment de faiblesse, de
cette fatale signature, « erreur de son esprit ou con-

cession de son cœur. » Si M. de Guernon-Ranville avait signé les ordonnances, du moins, loin de les conseiller, il les avait combattues.

L'orateur touchait au terme de son discours, quand tout à coup une clameur que dominait le bruit du tambour se fit entendre au dehors; bientôt on apprenait que le palais était menacé par la populace et le rappel battu dans les rues de Paris. En même temps, suffoqué par la fatigue ou l'émotion, M. Crémieux s'évanouit; il fallut l'emporter hors de la salle. La séance se poursuivit au milieu d'un grand trouble. La foule, rassemblée dans la rue de Tournon, poussait des cris stridens. Un moment même, elle parvint à forcer les portes de la grande cour, d'où elle fut expulsée par la garde nationale. Pendant ce temps, M. Bérenger répliquait à la défense. Le baron Pasquier recevait du dehors des informations qui lui étaient apportées de minute en minute, et dont M. Molé, qui les lui transmettait, exagérait encore, sans s'en douter, la portée et la gravité.

« Vous n'avez pas un instant à perdre pour lever la séance, » dit tout à coup M. Molé au président.

Ce dernier manda près de lui au fauteuil le colonel Lavocat et l'interrogea.

« Le rassemblement diminue et devient moins inquiétant, » répondit l'officier.

Mais la panique empreinte sur presque tous les visages gagna le président ; il entendit même le contraire des paroles de M. Lavocat. Il interrompit soudain le commissaire de la chambre des députés, et dit :

« Je suis informé par le chef de la force armée qu'il n'y a plus de sûreté pour nos délibérations. La séance est levée[1]. »

Les accusés furent ramenés dans leur prison ; les pairs se retirèrent ; mais la foule ne se dispersa que fort tard dans la soirée, et après qu'on eut opéré un certain nombre d'arrestations. Cette foule, qui interrompait ou ralentissait la circulation aux abords du palais, était menaçante. On y remarquait des figures sinistres, des hommes débraillés qui menaçaient du poing les équipages. Plusieurs pairs furent insultés,

1. Tels sont les détails ignorés jusqu'ici de la seule circonstance dans laquelle la chambre des pairs, durant ces jours orageux, ait manqué d'intrépidité, ce qui peut s'expliquer d'ailleurs par la fatigue que six longues séances avaient imposée aux juges, presque tous ayant dépassé soixante-dix ans et quelques-uns octogénaires. M. de Lafayette se montra très irrité de cette levée intempestive de la séance ; néanmoins, le soir, dans une conférence tenue rue d'Anjou, M. Molé n'était pas le seul à penser qu'il serait prudent de reculer indéfiniment le jugement. Heureusement, le baron Pasquier, déjà remis de son alerte, exprima un avis contraire et sa fermeté prévalut.

leurs voitures souillées de terre et de boüe. Néanmoins, on n'eut à déplorer aucun accident grave, et
la soirée s'acheva paisiblement; mais en prévision de
la journée du lendemain, durant laquelle la cour des
pairs devait rendre son arrêt, le gouvernement avi-
sait cette nuit même aux mesures à prendre pour
maintenir la sécurité publique, assurer au tribunal
suprême la liberté de ses délibérations et protéger la
vie des accusés.

VIII.

Les troubles qui venaient d'éclater avec tant de
force dans la journée du 20 décembre étaient la conséquence de la sourde agitation qui régnait depuis
cinq mois dans Paris. Ils étaient aussi l'œuvre des
associations populaires et des sociétés secrètes qui
cherchaient l'occasion de briser le trône élevé soudain, contrairement à leurs vœux, à l'issue des journées de juillet. Quoique prévus et attendus par un
pouvoir qui connaissait sa force et ses droits et qui
s'apprêtait à tenir tête à toute insurrection, ils tiraient
leur gravité de la complicité tacite, mais réelle, d'une
partie de la garde nationale, chargée de les réprimer,
et surtout des complaisances inconscientes du général de Lafayette et de M. Odilon Barrot, que leur
entourage, composé de mécontens, poussait à profiter
de ces circonstances pour faire des conditions et
réclamer des garanties.

Dès la veille, en présence de tant de symptômes inquiétans pour la sécurité publique, le général Lafayette adressait aux gardes nationales du royaume une proclamation empreinte de cet esprit de naïve générosité qui lui était propre, mais qui ne pouvait à cette heure être efficace, et qui semblait plutôt la manifestation d'une grande faiblesse et d'une vive inquiétude que celle d'une énergique résolution.

« Le général en chef, disait-il, à l'entrée de cette semaine où la gloire de la grande semaine paraît menacée d'être ternie par des désordres et des violences, croit devoir rappeler à ses concitoyens les principes et l'expérience de toute sa vie. Il s'adresse aux citoyens égarés qui croiraient servir la justice en menaçant des juges et en cherchant à se faire justice de leurs propres mains. Il aime sa popularité beaucoup plus que sa vie; mais il sacrifierait l'une et l'autre plutôt que de manquer à un devoir ou de souffrir un crime. »

M. Odilon Barrot, préfet de la Seine, M. Treilhard, préfet de police, tenaient un langage analogue, donnant à entendre l'un et l'autre à ce peuple qu'ils conjuraient de contenir ses colères qu'elles étaient légitimes. M. Odilon Barrot ajoutait, il est vrai, « que le premier acte d'agression violente serait considéré et puni comme crime; » mais cette menace, perdue dans une phraséologie nuageuse, ne modifiait guère le caractère général de ces proclamations. S'attachant à flatter les passions qu'on voulait combattre, elles furent accueillies avec des railleries par les meneurs de l'émeute, avec effroi par les hommes modérés, que ces accens, où la force et la résolution du pouvoir n'étaient pas suffisamment affirmées, alarmaient au lieu de les rassurer.

Elles n'empêchèrent pas la populace, qui devinait sinon des encouragemens, du moins des sympathies parmi quelques-uns de ceux qui s'efforçaient de la contenir, de se porter, comme on l'a vu, vers le Luxembourg, dans la journée du 20, de proférer des vociférations contre les ministres accusés et contre leurs juges, d'injurier même ces derniers à l'issue de la séance de la cour des pairs, levée subitement, tandis que le rappel était battu dans tous les quartiers.

A ce moment, la chambre des députés était réunie et discutait la loi relative à l'organisation de la garde nationale. A la nouvelle des attroupemens qui s'étaient formés dans le quartier latin, **M.** de Kératry interrompit la discussion et interpella le président du conseil des ministres afin de connaître la pensée du gouvernement sur le caractère de l'émeute naissante.

Le discours de M. Laffitte eut un ton d'énergie et de courage qui contrastait heureusement avec les proclamations citées plus haut. Il exposa que de vives inquiétudes s'étaient répandues pour le roi, pour la chambre, pour la France, mais qu'elles étaient exagérées. Le gouvernement connaissait ses ennemis, les ennemis de la loi, et ferait son devoir :

« Des hommes qui s'inquiètent peu du sort de quatre accusés, dit-il en terminant, mais qui ne peuvent supporter l'ordre, se sont dit que les lois ne seraient pas observées ; ils l'ont dit, et c'est là ce qu'ils veulent. Peu leur importe que tel ou tel individu succombe sous la sévérité de la justice ; ce qui leur importe, c'est d'attenter à l'état de choses existant. Voilà le secret des troubles prémédités, s'ils sont réels. Il faut, messieurs, que la brave population de Paris le sache, on n'en veut pas à l'existence des anciens ministres, mais à l'ordre ; or, vous pouvez y compter, le gouvernement protégera l'ordre, parce que, nous le répétons, c'est son devoir. »

MM. Dupin aîné et Odilon Barrot, ce dernier par un vaillant et noble langage, bien différent de celui qu'il tenait quand il s'adressait directement au peuple, confirmèrent les assertions de M. Laffitte.

« J'ai dévoué ma vie, s'écria M. Odilon Barrot, pour opérer cette révolution que j'ai considérée comme la seule transaction possible entre le pouvoir et la liberté. Je suis prêt à la dévouer encore pour empêcher que la révolution ne soit déshonorée. »

M. Guizot, oubliant de récens ressentimens, applaudit aux paroles du préfet de la Seine, et le général Sébastiani acheva de rendre la confiance à la chambre, en déclarant que le gouvernement avait pris les mesures nécessaires à la défense de l'ordre et des lois. L'interpellation de M. de Kératry eut donc le précieux avantage de démontrer qu'en dépit de quelques défaillances, tous les hommes qui tenaient au gouvernement étaient d'accord pour imposer au pays le respect de la décision solennelle que se préparait à rendre la cour des pairs.

C'est en vue de cette décision, qui devait être pro noncée le lendemain, qu'il s'agissait maintenant d'aviser. Depuis l'ouverture des débats, le comte de Montalivet, dans une circulaire aux préfets, dans son appel à la garde nationale, dans toutes ses paroles et tous ses actes, avait donné d'heureuses preuves de tact, de prudence et d'intrépidité. Témoin et confident des angoisses du roi, qui, durant ces heures bruyantes, songeait avant tout au salut des accusés dont le sang, à ce qu'il lui semblait, eût déshonoré l'aurore de son règne, le ministre de l'intérieur avait fait de leur sûreté personnelle l'objet de ses ardens efforts; mais le trouble de la journée, les clameurs qu'il avait entendues autour du Luxembourg, pendant cette après-midi du 20 décembre, l'exaspération de la foule venaient accroître tout à coup sa responsabilité au moment où l'issue du procès allait déchaîner toutes les passions et tous les périls. Il n'entendait pas décliner cette responsabilité, mais il voulait être assuré du concours de tous ceux qui, placés à ses côtés ou sous ses ordres, avaient le devoir de le seconder.

C'est sous l'empire de ces considérations qu'il provoqua, pour le même soir, la réunion d'une conférence dans laquelle devaient être examinées les éventualités de la journée du lendemain. La conférence se tint vers onze heures au palais du Luxembourg [1]. C'est là que se rencontrèrent le général de Lafayette et son fils, le baron Pasquier, président de la cour des pairs, le marquis de Sémonville, grand référendaire, le général Sébastiani, ministre des affaires étrangères, le comte de Montalivet et M. Odilon

_____

(1) Ces détails et ceux qui suivent sont empruntés aux Mémoires inédits que nous avons déjà cités.

Barrot. Le maréchal Soult, dont la place eût été naturellement dans ce conseil, se tenait en permanence
au ministère de la guerre afin d'être prêt à donner les
ordres nécessités par les incidens qui se pressaient
d'heure en heure et d'en surveiller l'exécution [1].

La conférence s'ouvrit sous la présidence du général de Lafayette. Après un exposé de la situation de
Paris, présenté par le ministre de l'intérieur, et sur la
proposition du baron Pasquier, il fut unanimement
décidé qu'aussitôt après la clôture des débats engagés devant la cour, et avant que les pairs entrassent
dans la chambre du conseil, les anciens ministres
seraient immédiatement conduits, par un petit escalier communiquant directement avec le jardin du
Luxembourg, jusqu'à des voitures destinées à les
ramener à Vincennes, en traversant ce jardin uniquement occupé par la troupe de ligne.

Le général de Lafayette ne se rallia pas à ce plan
sans le discuter avec vivacité. L'occupation du jardin

1. Une connaissance approfondie des passions et des tendances
qui animaient les personnages du temps que nous racontons permet
de croire que si le maréchal Soult n'assista pas à cette conférence,
c'est que ses collègues du ministère négligèrent à dessein de le convoquer, les hommes dont il aimait alors à s'entourer et qui exerçaient sur lui une influence quelquefois peu conforme aux intérêts
politiques du gouvernement étant notoirement hostiles aux autres
membres du cabinet.

par la ligne et l'exclusion de la garde nationale étaient à ses yeux une injure pour celle-ci, une insulte à la générosité du peuple. Il alléguait que ces mesures, dictées par la défiance, deviendraient non un acte de sagesse, mais une sorte de défi propre à exciter les colères et non à les apaiser :

« Vous employez trop d'armée et pas assez de peuple, » répétait-il.

Mais il dut renoncer à convaincre la majorité de ses auditeurs, et finit par céder. Il consentit, quoiqu'à regret, à ce que la troupe de ligne occupât seule le jardin à l'heure où les anciens ministres devaient le traverser.

De son côté, le baron Pasquier, pour mieux assurer le succès de ce plan si simple et si facile, devait s'efforcer de hâter la fin des débats publics, afin que le transfèrement, qui surexcitait et ameutait tant de mauvaises passions, eût lieu dès la première heure de l'après-midi, bien avant le moment présumé par l'attente publique.

On arrêta encore toutes les mesures militaires que dictait la prudence. Des postes devaient être échelonnés entre le palais du Luxembourg et le château de Vincennes, sur la route qu'avaient à parcourir les anciens ministres, afin de prêter au besoin aide et

secours à leur escorte. Cette escorte devait se composer de deux escadrons de cavalerie. Elle attendrait
les prisonniers aux grilles, du côté de l'Observatoire,
avec des voitures et des chevaux que M. de Sémonville se chargeait d'y faire conduire. Le président
signa, séance tenante, l'ordre de transfèrement.
Le général de Lafayette signa également cet ordre,
dont on décida de confier l'exécution au général Fabvier.

D'ailleurs, le général de Lafayette annonçait le
projet de passer la journée sur le théâtre des événemens, comme à un poste de combat. Mais on peut
voir déjà dans quelles dispositions d'esprit, indécises
et contraires au ferme accomplissement d'énergiques
résolutions, il se rendait à son poste. Il avait adhéré
au plan adopté par le gouvernement pour la journée
du lendemain. Il y avait adhéré, contraint et forcé,
mais se disant à part lui et donnant à entendre qu'en
retour de cette concession, il exigerait de Louis-Philippe une politique nouvelle, rigoureusement conforme à ce qu'on appelait alors : le programme de
l'Hôtel de Ville. C'est ce sentiment que trahissait sa
parole quand, à l'issue de la conférence qui vient
d'être rapportée, ramenant le général Sébastiani au
ministère des affaires étrangères, il lui disait :

« Vous le voyez, je fais ce que vous voulez ; mais c'est sous la condition que l'on changera de gouvernement et que la chambre des pairs aura un nouveau personnel [1]. »

Nous verrons ces exigences reparaître plus impérieuses et se formuler avec énergie quelques jours plus tard, dans la nuit qui suivit la démission du commandant général des gardes nationales de France. Mais, dès ce jour, elles étaient dans son esprit, dans son cœur, et surtout dans l'entourage par lequel il se laissait dominer ; elles y étaient assez puissantes pour qu'il oubliât en une nuit l'assentiment qu'il avait donné au plan du ministère et la promesse qu'il avait faite d'en seconder l'exécution.

Quoi qu'il en soit, il est permis d'affirmer que du côté du gouvernement, nulle précaution n'avait été négligée. Tout était calculé et prévu, et, malgré l'inquiétante gravité des rapports de police que M. de Montalivet trouva au ministère de l'intérieur en y rentrant, il pouvait espérer que la journée du lendemain s'écoulerait, sinon paisible et sans émotions, du moins sans accident. Toutefois, les notes parvenues au gouvernement dès le matin, les prédictions

1. Mémoires inédits.

sinistres dont elles étaient remplies, les desseins meurtriers qu'elles attribuaient aux chefs de l'émeute, les doutes qu'elles laissaient planer sur l'attitude de la garde nationale ébranlèrent ces espérances, et chacun se rendit à son devoir, l'âme anxieuse et troublée.

IX.

Vers onze heures, le quartier latin offrait le spectacle d'une agitation aussi bruyante que celle de la veille. Les mêmes cris se faisaient entendre. Seulement, le palais était rigoureusement et solidement gardé. La garde nationale et la ligne remplissaient les rues qui l'avoisinent. On ne comptait pas moins de vingt-cinq mille hommes en armes, mis sur pied pour résister aux bandes qui avaient résolu de se saisir des ministres accusés et de préluder, en les massacrant, à une révolution nouvelle.

Avant l'ouverture de la séance, le président Pasquier fit appeler M. de Martignac, chargé par ses codéfenseurs de répliquer pour tous les accusés au réquisitoire, et, lui ayant fait part des résolutions arrêtées la veille, il lui demanda de se borner à une courte réplique. M. de Martignac s'y engagea, bien qu'il eût arrêté déjà l'ordonnance et le plan de son discours. Puis la séance s'ouvrit, et celui des commissaires de la chambre des députés qui n'avait pas encore parlé, M. Madier de Montjau, prit la parole pour résumer l'accusation.

Mais tandis qu'accusés, juges et public l'écoutaient au milieu d'un profond silence que troublaient seules les clameurs du dehors, le grand référendaire vint informer tout à coup le président que, contrairement au plan primitivement arrêté, le jardin du Luxembourg avait été envahi par la garde nationale de la banlieue, avant même que la troupe de ligne l'eût occupé. Le général de Lafayette, toujours animé d'intentions généreuses, mais qui ne savait pas plus résister à sa passion pour la popularité qu'à l'influence de son entourage, avait, sans prendre avis de personne, adopté et ordonné des dispositions nouvelles. Maintenant l'attitude et le langage non équivoques des gardes nationaux étaient un obstacle insurmontable au passage des accusés par le jardin, et le ministre de l'intérieur demandait un sursis pour arrêter un autre plan.

Sur cette communication si soudaine et si grave, le président dut, en se contenant et sans rien trahir de l'émotion qu'elle lui causait, s'efforcer aussitôt de substituer à la marche rapide des débats une discussion propre à les prolonger. M. de Martignac seul devint immédiatement le confident de son embarras. La première communication du président lui avait suggéré déjà le plan qui devait rendre sa réplique aussi brève que possible, sans lui rien ôter de sa force. Il fallait maintenant qu'il laissât un libre cours à toute l'abondance de sa parole et qu'il remplaçât un résumé, qu'avait rendu nécessaire son dévoûment à la cause des accusés, par des développements que ce même dévoûment lui imposait tout à coup.

Ce n'était pas un avocat qu'il fallait pour un tel effort. C'était un homme tout entier, avec son énergie, avec toutes les facultés de son esprit et de son âme. « M. de Martignac fut cet homme, nous dit le témoin oculaire qui a bien voulu recueillir pour nous ses souvenirs. On ne saurait trop l'admirer dans ce drame intime, connu de si peu de personnes. Ce jour-là, il accomplit un grand acte plus encore qu'il ne prononça un éloquent discours. » Il y fit d'ailleurs, dans le double effort de la parole et de l'émotion, une si large dépense des forces d'une santé si délicate, que tout à coup un cri s'échappa de sa poitrine : « Nobles pairs, les forces manquent à mon zèle ! » Un tel aveu arraché à ses souffrances, augmentées par un dernier effort devenu nécessaire, ne fit qu'ajouter encore à l'émotion dont la cour des pairs ressentait l'effet sans en connaître toutes les causes.

Les autres défenseurs n'ajoutèrent que peu de mots à cette éloquente réplique. M. Paul Sauzet, brisé par la fatigue, garda le silence. M. Hennequin fit un suprême appel à la générosité de la cour. Quant à M. Crémieux, il rectifia l'allégation d'un journal du matin qui l'accusait d'avoir, comme tous les autres défenseurs, défendu la légalité des ordonnances. M. de Martignac, en répondant à M. Madier de Mont-jau, venait de relever déjà cet injuste grief et d'y répondre victorieusement.

Après que les accusés eurent tour à tour déclaré qu'ils n'avaient rien à ajouter à leur défense, M. Bérenger prononça ces mots adressés à la cour: « Notre mission est finie. La vôtre va commencer; la résolution de la chambre des députés est sous vos yeux, le livre de la loi y est également. Il vous trace vos devoirs; le pays attend, il espère, il obtiendra bonne et sévère justice. » Le président déclara alors que les débats étaient clos. Les accusés furent ramenés dans leur prison, tandis que, la séance levée, les pairs se retiraient dans la salle de leurs délibérations.

Pendant que se déroulaient ces dernières péripéties
du procès des ministres, M. de Montalivet travaillait
à assurer leur prompt départ, maintenant compromis
et entravé. C'est en arrivant au palais qu'il avait
connu les ordres donnés par le général de Lafayette
et l'inexécution du plan si minutieusement élaboré
la veille. Cette nouvelle, l'aspect de la garde nationale qui occupait le jardin, bruyante, excitée, et dans
les rangs de laquelle on entendait des menaces de
mort contre les hommes dont l'imprudence du général de Lafayette lui confiait la défense, jetaient le
jeune ministre dans la plus grande perplexité. Si les
collaborateurs sur lesquels il était en droit de compter lui refusaient leur concours, que pouvait-il? Le
danger était pressant. En venant du ministère, il
avait pu se convaincre de l'exaspération de la foule,
contenue partout par la garde nationale, mais non
apaisée. Cette populace, habilement et perfidement
déchaînée, attendait quatre têtes. Elle souhaitait une
condamnation à mort, et si le jugement de la cour
ne lui donnait pas la satisfaction qu'elle réclamait,
il était à craindre qu'elle ne trouvât parmi les gardes
nationaux assez de complices pour lui faciliter l'accès
de la prison et lui permettre d'exercer ses cruelles
vengeances. Il importait donc d'agir, d'agir sans re-

tard et de mettre les anciens ministres à l'abri de ses
fureurs.

M. de Montalivet alla trouver le général Lafayette;
il voulait savoir, avant de recourir à de nouvelles
combinaisons, si le général ne pouvait revenir par
quelques dispositions nouvelles au plan arrêté la
veille et qu'il avait pris sur lui de modifier. Cette entrevue fut courte. Le général convenait que la sub-
stitution de la garde nationale à la troupe de ligne
dans l'occupation des jardins était une innovation
assez grave; mais elle lui paraissait sans danger, et
il en prenait la responsabilité.

« Les gardes nationales de la banlieue, dit-il, ont
demandé à être chargées de veiller à la sécurité des
accusés. J'ai cru devoir faire droit à leur réclamation. On ne pouvait leur refuser ce poste d'honneur,
sans leur manifester une défiance indigne de leur
énergie et de leur dévoûment. »

M. de Montalivet ne voulut pas récriminer. Sa
défiance n'était que trop justifiée, à l'égard de ces
légions de la banlieue, les plus exaltées de toutes,
dans leur haine contre M. de Polignac. Mais il connaissait M. de Lafayette et sa faiblesse en présence
des entraînemens populaires : il le voyait d'ailleurs
entouré d'une pléiade de républicains ardens : Gui-

nard, Godefroy Cavaignac, Bastide, Boinvilliers, Che-
valloz, Arnold Scheffer, en qui les légions de la banlieue trouvaient de fougueux défenseurs. Il s'éloigna
donc; puis, avec l'esprit de résolution qui lui était
propre, il s'arrêta au parti de procéder par l'audace
et d'agir seul avec les ressources dont il disposait.
Il ne devait plus compter sur le général Lafayette.
M. Pasquier, dont les conseils lui eussent été si précieux en ce moment, était à son poste, prêt à dominer le danger, s'il se présentait, mais impuissant à
le conjurer.

M. de Sémonville, le grand référendaire de la
chambre des pairs, après avoir protesté intérieu-
rement contre les mesures du général Lafayette,
avait jugé que le plan de la veille ayant été modifié,
il ne lui restait plus rien à faire qu'à attendre dans
ses appartemens que le gouvernement eût arrêté un
plan nouveau. Il attendait. Il envoyait d'ailleurs fort
exactement à M. Pasquier des petits billets pour le
tenir, — quart d'heure par quart d'heure, — au courant des événemens. Mais il n'engageait pas autrement
sa responsabilité, et, loin de se mettre en rapport avec
le ministre de l'intérieur, il n'eut avec lui aucune
communication, ni directe, ni indirecte, après leur
entrevue de midi et demi. Seulement, comme il sen-

tait lui-même ce qu'il y avait d'étrange dans son isolement, il parlait dans ses petits billets des conférences de M. de Montalivet et du général Fabvier : or, il n'y en avait pas eu une seule [1].

Le général Fabvier n'était pas moins invisible. Trouvant le jardin occupé par la garde nationale, contrairement au plan convenu la veille, il était allé au ministère, au Palais-Royal demander de nouvelles instructions au maréchal Soult. Cette absence n'était pas très regrettable. Le général Fabvier avait été en Grèce le chef énergique des palikares; mais le ministre pouvait douter de son énergie alors qu'il s'agissait de lutter contre des passions dont il le savait imparfaitement affranchi. Il l'avait en effet entendu réclamer, devant plusieurs personnes, un arrêt de mort contre M. de Polignac.

Restait M. Odilon Barrot. Le préfet de la Seine semblait devoir être l'auxiliaire naturel du ministre de l'intérieur, et on aurait pu croire que, de ce côté du moins, les avis et une coopération active ne manqueraient pas. Il n'en fut rien. M. Odilon Barrot s'était bien rendu au Luxembourg, suivant la décision de la conférence; mais, une fois en présence des

---

1. Nous reproduisons presque textuellement, pour tout ce qui concerne cette journée du 21 décembre, les notes d'un témoin oculaire.

difficultés terribles qu'il fallait vaincre, il ne fut d'aucun secours, et, répondant aux questions de M. de Montalivet, se retrancha derrière le plus frivole prétexte pour refuser l'avis qui lui était demandé[1]. Heureusement, le ministre trouva chez les deux commandans militaires du Luxembourg, les colonels Feisthamel et Lavocat, l'énergie et l'esprit de décision que réclamait la situation, de même qu'il trouva dans son jeune frère et dans M. de Wailly, officiers de la garde nationale à cheval, dans son ami M. Dutrône[2] le concours le plus actif. Avant de

1. Quoique cette version soit contraire à celles des divers historiens de ce temps, nous n'hésitons pas à la déclarer la seule conforme à la vérité. L'homme éminent de qui nous la tenons a vu de près les événemens, dont il fut un des principaux auteurs, et ceux qui le connaissent savent quelle ardeur il a toujours mise à faire éclater la vérité. M. Royer-Collard lui disait souvent : « On vous croit, » et cet hommage légitime ne permet aucun doute quant à l'authenticité des informations que nous avons acceptées.

2. Célèbre par un duel qui fit grand bruit sous la Restauration. Ce duel eut lieu en 1826. L'adversaire de M. Dutrône était le général de cavalerie Livron, qui avait accepté le commandement du contingent égyptien en Grèce. M. Dutrône ne pouvant aller en Grèce combattre pour la cause de l'indépendance voulut au moins la servir à Paris, en combattant les infidèles dans la personne de celui qui avait accepté d'être leur chef. On se battit à cheval, au sabre, bien que M. Dutrône ignorât également l'équitation et l'escrime ; mais, il l'avait voulu ainsi. Il portait sur la poitrine une croix grecque brodée et était coiffé d'un bonnet grec. Ses témoins étaient le général Chartrier-Lafosse, MM. de Montalivet et Carnot. Le général Livron avait également trois témoins parmi lesquels

prendre un parti, il avait écrit à M. Laffitte afin de connaître son avis. « Le conseil n'est pas en nombre et ne saurait délibérer, avait répondu le chef du cabinet; mais il a confiance en vous; agissez suivant votre inspiration. » M. de Montalivet agit sur-le-champ. Tandis que les voitures envoyées par M. de Sémonville aux grilles de l'Observatoire laissaient croire aux gardes nationaux que les accusés allaient traverser le jardin, le ministre assurait leur départ par une autre voie, par la petite porte de la geôle, donnant sur la rue de Vaugirard. C'est à cette porte qu'il envoya sa propre voiture avec ses gens en livrée [1], tandis que par ses ordres, le général Fabvier préparait une escorte de grenadiers et de chasseurs à cheval, et que le colonel Feisthamel, faisant mettre sous les armes dans une petite cour qui précédait cette porte les gardes nationaux préposés à la surveillance de la geôle, leur donnait lecture de l'ordre de transfèrement rédigé la veille par

figurait le général d'Arlincourt, frère du romancier. Le duel ne cessa qu'après trois rencontres, dans l'une desquelles le général de Livron tomba de cheval, un des étriers s'étant brisé; les témoins s'opposèrent énergiquement à une quatrième.

1. Les vitres de cette voiture avaient été brisées à coups de pierres dans la matinée. En ce temps, c'est sous cette forme relativement anodine que se manifestaient les fureurs populaires. C'était encore la tradition de la Fronde. Elle est bien démodée aujourd'hui.

le président Pasquier et contre-signé par le général
de Lafayette. Pendant ce temps, M. de Montalivet se
rendait à la prison afin de se faire remettre les anciens ministres; mais là, une autre difficulté l'attendait. Le concierge réclama la levée de l'écrou. M. de
Montalivet, à qui cette pièce manquait, déclina son
nom et ses qualités; néanmoins, le concierge refusa
avec la dernière énergie de lui confier les prisonniers dont il était responsable.

« Si vous ne cédez pas à mes instances, reprit avec
vivacité le ministre, vous céderez à la force.

— Soit, mais, alors, donnez-moi reçu sur le registre
et veuillez y déclarer que je n'ai obéi qu'à la violence. »

Le ministre signa cette déclaration; puis, il descendit avec les quatre accusés, les fit défiler sous
les yeux des grenadiers de la garde nationale, réunis
dans la cour qu'il fallait traverser, et qui paraissaient animés d'intentions malveillantes. Il atteignit
ainsi sa voiture, dans laquelle ils prirent place avec
MM. Lavocat et Feisthamel. Lui-même monta le
cheval d'un sous-officier de chasseurs, et se mit à la
tête du cortége, ayant à ses côtés le général Fabvier. La voiture et son escorte suivirent rapidement la
rue de Fleurus, la rue Notre-Dame-des-Champs et le

boulevard d'Enfer. Là, il fallut relentir l'allure des chevaux, à cause des ornières profondes qui sillonnaient la route. Mais personne ne songeait, tant le départ avait été soudain, à poursuivre de ce côté les anciens ministres de Charles X et ils franchissaient déjà sans accident la barrière d'Enfer, que la garde nationale et la populace groupée aux abords du Luxembourg les croyaient encore dans la prison du palais. Le succès de l'audacieuse entreprise du ministre de l'intérieur semblait dès lors assuré et il chargea M. Dutrône d'en porter la nouvelle au Palais-Royal. Il lui remit en même temps deux lettres, l'une pour le roi et l'autre pour sa mère. Il les avait écrites au Luxembourg, tandis qu'il attendait la réponse de M. Laffitte au message qu'il lui avait adressé. Sa pensée s'était alors reportée sur le prince qui lui avait confié l'honneur de sa couronne et sur sa mère, jalouse de l'honneur de son nom. Rien ne semble mieux fait que ce trait tout intime pour donner, à un demi-siècle de distance, une idée des anxiétés que le double sentiment d'un grand péril à courir et d'un grand devoir à remplir mettait, au cours de ces tragiques événemens, dans l'âme de ceux qui s'y trouvaient mêlés.

Le reste du parcours s'effectua heureusement. Le

faubourg de Charenton, que les rapports de police présentaient comme animé d'intentions menaçantes, était presque désert. Sur les portes, on ne voyait que des femmes et des enfans attirés par la rumeur de ce rapide convoi. Enfin, à six heures, les accusés étaient réintégrés dans leurs cellules, et le canon de Vincennes annonçait au roi et à son conseil que les murailles du château et la vaillante épée du général Daumesnil protégeaient la vie des ministres de Charles X [1].

Laissant leur escorte rentrer au Luxembourg, le ministre, seul dans sa voiture, se dirigea vers Paris par le faubourg Saint-Antoine, voulant apprécier par lui-même les forces de l'émeute. Mais, dans les rues qu'il traversa, régnait un calme absolu. Derrière la plupart des fenêtres, il voyait les ouvriers penchés sur leur métier, dans le mouvement alternatif et régulier de leur travail. Dans la rue Saint-Antoine,

1. A la suite de ces violentes émotions, M. de Montalivet se plaisait à raconter le trait suivant qui lui révéla, au moment où il venait de vaincre les difficultés périlleuses du jour, celles que réservait le lendemain. Comme, en approchant de Vincennes, il se félicitait tout haut devant le général Fabvier de l'heureuse issue de cette journée : « C'est une belle journée, en effet, monsieur le ministre, répondit le général, car elle rend à beaucoup la liberté que leur enlevait le sentiment d'un grand devoir à accomplir ; chacun pourra maintenant en user. »

quelques groupes, mais nulle trace d'exaltation. Il arriva ainsi sur la place de Grève où la scène changea tout à coup. Là, les groupes étaient serrés, compactes, animés, presque violens. Comme sa voiture essayait de les traverser, un individu que le ministre ne connaissait pas, mais qu'il crut être un agent de police, s'approcha et lui objecta qu'en allant plus loin, il s'exposait à un réel danger. Il mit pied à terre, et, s'avançant parmi la foule, il continua son enquête jusque sur le Pont-Neuf, où, tandis qu'il écoutait les paroles menaçantes pour le gouvernement, proférées à quelques pas de lui par des furieux, une corde de réverbère, touchant tout à coup son front, fit surgir dans sa pensée le souvenir de l'un des plus sinistres épisodes de la révolution et le ramena au sentiment du péril auquel l'exposait sa témérité, s'il était reconnu.

Au cours de ces dramatiques incidens, tandis qu'autour du palais, la garde nationale et la police contenaient les flots pressés d'une population arrachée à toutes ses habitudes, exigeante et cruelle comme les foules, la cour des pairs, retirée dans la salle du conseil, délibérait. L'appel nominal avait constaté la présence de cent soixante et un pairs, c'est-à-dire de tous ceux qui avaient assisté à la dernière audience, sauf un seul qui s'était trouvé mal à deux reprises. La délibération de ces courageux vieillards fut laborieuse. Le président dut interroger successivement tous les juges sur chacun des accusés. Cent trente-six voix contre vingt-quatre les proclamèrent tous les quatre coupables de trahison. En dépit du réquisitoire, la cour avait décidé qu'il n'y aurait que cette seule question posée et que les autres chefs d'accusation seraient abandonnés. L'application de la peine fut longue à déterminer. En ce qui touchait le prince de Polignac, cent vingt-huit voix se prononcèrent pour la déportation, vingt-huit pour la prison perpétuelle, accompagnée de l'interdiction légale, et quatre seulement pour la peine de mort. Ces quatre voix ne se retrouvèrent pas pour les autres accusés, contre lesquels la majorité décréta la détention perpétuelle et la minorité la déportation.

Au moment où le président Pasquier faisait connaître à la cour le résultat de la délibération sur M. de Polignac, il fut informé que les anciens ministres venaient de partir sans encombre pour Vincennes. Cette nouvelle le tira d'une anxiété d'autant plus cruelle que les petits billets qu'il recevait tous les quarts d'heure de M. de Sémonville ne lui avaient rien laissé ignorer des difficultés qui s'étaient présentées.

C'est aussi pendant cette délibération, présidée par le baron Pasquier avec calme et vaillance, que fut prononcée une parole qui témoigne de l'intrépidité dont les juges étaient animés. Deux d'entre eux crurent entendre tout à coup une formidable détonation; c'était peut-être celle qui annonçait l'arrivée des anciens ministres à Vincennes.

« Mais, c'est le canon! s'écrièrent-ils, en s'adressant au vénérable M. de Barbé-Marbois [1].

— Eh! chers collègues, répliqua ce dernier, que fait le canon à ce qui nous occupe? »

Quand les votes eurent été recueillis et dépouillés, le président se retira pour rédiger le jugement, après avoir fixé à dix heures du soir l'ouverture de la séance dans laquelle il en serait donné lecture. A l'heure indiquée, sans tenir compte des clameurs de l'émeute que la garde nationale et la ligne avaient refoulée peu à peu jusqu'au carrefour de Buci, d'un côté, et jusqu'au Pont-Neuf de l'autre, les pairs montaient sur leurs siéges. Devant les places des accusés restées vides, les défenseurs occupaient leur banc.

1. Ancien garde des sceaux, président de la cour des comptes. En 1830, il avait quatre-vingt-cinq ans. Il mourut en 1837.

Les tribunes étaient pleines, car la plupart des spec-
tateurs ne les avaient pas quittées, afin de ne rien
perdre des émotions de la journée. Le baron Pasquier, pressé de clore ce solennel procès, se leva dès
que tous les juges eurent pris séance et donna lecture d'un long jugement précédé de quatre considé-
rans, lequel déclarait Auguste-Jules-Armand-Marie,
prince de Polignac, Pierre-Denis, comte de Peyronnet, Jean-Claude-Balthazar-Victor de Chantelauze et
Martial-Louis-Annibal-Perpétue-Magloire de Guernon-Ranville, coupables de haute trahison; à défaut
d'une loi déterminant la peine, y suppléait par l'application des articles 7, 17, 18, 28 et 29 du code
pénal, et l'article 25 du code civil, les condamnait à
la prison perpétuelle et prononçait, avec la déchéance
de leurs titres, grades et ordres, la mort civile pour
M. de Polignac, l'interdiction légale pour ses coac-
cusés[1].

Quelques instans après, la teneur de ce jugement
se propageait au dehors. Le président Pasquier, qui
sortait en cet instant par le jardin, fut témoin des

---

1. Ils étaient condamnés en outre personnellement et solidai-
rement aux frais du procès, qui furent liquidés à la somme de
921 francs 15 centimes. Le 11 avril 1831, la cour des pairs prononça les mêmes peines contre les ministres fugitifs, le baron
d'Haussez, le baron Capelle et le comte de Montbel.

colères qui éclatèrent dans les rangs de la garde
nationale, quand elle comprit qu'en dépit des mots :
« mort civile, » auxquels elle s'était d'abord trompée, la vie de M. de Polignac était sauve. Des gardes
brisaient leurs fusils et menaçaient avec exaltation
le tribunal suprême qui venait de rendre cette sentence trop douce à leur gré. Les mêmes scènes se
passaient dans la cour. Excités par une longue
attente, par les fièvres de cette veillée aux flambeaux,
peut-être aussi par des haltes réitérées autour des
tonneaux de vin, défoncés dans l'Orangerie, et où
l'on allait puiser tour à tour, la plupart, poussant
des cris de réprobation, se précipitèrent vers les
portes de la rue qu'ils voulaient forcer, pour se
retirer, déclarant que le gouvernement venait de
perdre tout droit à leur concours. Heureusement,
les portes étaient solides et résistèrent à ce rude
assaut. Puis, après avoir beaucoup crié, les énergumènes s'apaisèrent et les hommes raisonnables qui se
trouvaient auprès d'eux parvinrent à faire renaître
une apparence d'ordre. Bientôt, on annonça que le
général de Lafayette allait venir passer les bataillons
en revue. Les rangs se reformèrent. Le général parut;
à la lueur des torches, il parcourut lentement le front
des lignes, exhortant les gardes à observer la disci-

pline et à remplir leur devoir. Pendant ce temps, le bruit se répandait que le peuple se portait vers le Luxembourg, afin de le saccager et de massacrer les prisonniers. Cette nouvelle, qui rappelait à chacun la nécessité de défendre l'ordre social menacé, acheva d'apaiser la garde nationale. C'était d'ailleurs une fausse alerte, et, vers deux heures du matin, les bataillons présens regagnèrent leurs quartiers à travers des rues absolument désertes [1].

Le lendemain matin, dès l'aube, M. Cauchy [2], greffier de la cour des pairs, se transportait à Vincennes afin de donner lecture de ce jugement aux condamnés. C'est dans la chambre de M. de Polignac, lequel était encore couché, qu'ils eurent connaissance de la condamnation prononcée contre eux. L'ancien président du conseil ne s'attendait pas à un arrêt aussi sévère et ne put se défendre d'une vive émotion à l'énoncé de la peine de la mort civile qui n'était appliquée qu'à lui [3]. M. de Peyronnet au contraire s'at-

1. Ces détails sur l'attitude de la garde nationale nous ont été fournis par un témoin oculaire qui en faisait partie.

2. M. Cauchy avait rempli le même office dans le procès du maréchal Ney.

3. Au sujet de l'impression produite par la sentence sur M. de Polignac, nous devons au témoin oculaire à qui nous avons emprunté les détails ci-dessus la communication suivante : « J'ai entendu M. Sauzet, défenseur de M. de Chantelauze, raconter dans le

tendait à une condamnation capitale et ne dissimula qu'imparfaitement un mouvement de satisfaction. Quant à M. de Chantelauze, il se retourna vers M. de Guernon-Ranville et lui dit avec simplicité : « Eh bien, mon cher, nous aurons le temps de faire des parties d'échecs. »

Dans Paris, la nuit s'était écoulée assez calme, troublée seulement par la marche des patrouilles et les rumeurs des troupes campées autour de grands feux sur les quais et dans les rues entre le Luxembourg et le Pont-Neuf. Les attroupemens qui avaient menacé gravement la sécurité publique s'étaient dispersés vers minuit, sans se montrer irrités du transfèrement des ministres et de leur condamnation, bien qu'elle semblât trop clémente à la plupart de ceux qui l'attendaient depuis la veille. Mais au matin, ces dispositions pacifiques se modifièrent. On put même

salon de M. Coste, directeur du *Temps*, comme quoi M. de Polignac, peu au courant des lois de son pays, avait cru que la *mort civile* signifiait l'exécution capitale par la guillotine, par opposition à l'exécution militaire par les armes. M. Sauzet riait en racontant cette particularité qu'il déclarait parfaitement exacte. » Sans contester l'authenticité de ce trait, qui peint bien d'ailleurs l'ancien président du conseil, nous ferons remarquer que l'un de ses compagnons d'infortune, M. de Guernon-Ranville, s'est abstenu d'y faire allusion, encore qu'il ait constaté dans ses Mémoires l'effet que fit sur les condamnés la lecture du jugement.

craindre que les proclamations du général de Lafayette et de M. Odilon Barrot, apposées dès le matin sur les murs de la capitale afin de remercier la garde nationale et la ligne de leur attitude de la veille et de rassurer la population, ne fussent impuissantes à contenir des passions que surexcitaient sans relâche les propagateurs de désordre.

Il est vrai que celle du préfet de la Seine semblait plutôt faite pour déchaîner ces passions que pour les contenir. C'étaient toujours les mêmes flatteries adressées à la foule, les mêmes complaisances pour la vanité populaire. Il n'était fait aucune allusion à l'attitude factieuse des partis, à l'attitude courageuse de la cour des pairs. Qu'un préfet ait pu tenir un tel langage sans être destitué sur-le-champ, cela ne peut s'expliquer que par la difficulté de passer d'une phase révolutionnaire à une phase d'ordre. Les rassemblemens de la rue devinrent bientôt si tumultueux que le rappel fut battu. La garde nationale reprit les armes et demeura en permanence sur les points menacés, au Luxembourg, aux Tuileries et au Louvre. Comme au 18 octobre, le gouvernement redoutait une marche sur Vincennes. Des rumeurs sinistres circulaient. On disait que la troupe se laissait désarmer, que l'artillerie de la garde nationale avait livré ses pièces, que les écoles se réunissaient au peuple pour proclamer la république ; mais vers midi, ces rumeurs furent démenties, et l'on vit descendre des hauteurs du Panthéon une colonne composée de plusieurs milliers d'étudians, qui se promena dans Paris, en invitant tous les citoyens à respecter la loi et l'ordre public et délégua vers le roi quelques-uns de ses membres, afin de lui exprimer ces sentimens.

Cette manifestation, bien qu'elle révélât plus d'un danger et transformât les écoles en un pouvoir nouveau avec lequel le gouvernement serait bientôt tenu de compter, s'il n'arrivait à le dominer, apaisa, ce jour-là, la fermentation naissante et prévint sans doute des troubles nouveaux et sanglans. Le soir, Paris fut paisible ; les hauts personnages du gouvernement et des chambres, réunis dans les salons de M. de Montalivet, où l'on vit, empressés à louer le jeune ministre, MM. Royer-Collard, de Martignac, le corps diplomatique, les chefs de l'armée, se félicitaient d'avoir pu, grâce à un concours d'efforts et de bonnes volontés, rassurant pour l'avenir, faire franchir heureusement au pays cette crise depuis si longtemps redoutée et assurément redoutable.

Le lendemain, tandis qu'une circulaire ministé-

rielle apprenait à la France l'heureuse issue du procès des ministres[1], le roi, après avoir adressé, dans
une lettre au général de Lafayette, ses félicitations à
l'armée et à la garde nationale, parcourut à cheval
tous les quartiers de Paris, ayant à ses côtés le duc
de Nemours, le maréchal Soult, le maréchal Gérard,
le ministre de l'intérieur. Il reçut d'innombrables
témoignages de respect et de sympathie d'une population délivrée et rassurée par le triomphe du gouvernement sur le parti du désordre, par le succès
décisif des idées d'humanité et de clémence, et surtout par la volonté que venaient de manifester les
pouvoirs publics d'en finir avec les forces anarchiques dont la Révolution de Juillet avait déchaîné
les espérances et qui s'étaient liguées pour imposer
leurs coupables volontés au trône nouveau ou pour le
briser, si elles ne parvenaient pas à l'affaiblir irréparablement, en le déshonorant. A ce point de vue,
le procès des ministres eut un épilogue qui doit être
aussi celui de ce récit.

1. A cette occasion, cent mille objets furent retirés du Mont-de-
Piété, aux frais de la liste civile.

X.

Les conséquences de l'arrêt du 21 décembre et du grand et beau spectacle qu'avait donné à l'Europe le triomphe de la justice sur l'esprit de vengeance et du gouvernement sur les passions anarchiques ne se firent pas longtemps attendre. Par un accord tacite, les dissidences politiques s'étaient momentanément effacées dans le sein du cabinet du 3 novembre, au nom des intérêts les plus graves et les plus sacrés, engagés dans le procès des ministres de Charles X, au nom du salut de l'avenir et de l'honneur même de la France. Cet accord y avait été rendu plus facile que dans le cabinet du 12 août, par le petit nombre de ses membres et par sa composition qui laissait peu de défiance aux amis passionnés du drapeau tricolore. Mais l'union y existait uniquement à l'état de transaction patriotique qui devait cesser avec la crise aiguë dont elle avait été le résultat.

Les symptômes de la fin de cette union, le ministre de l'intérieur avait pu les découvrir, le soir du 24 décembre, sous les murailles du château de Vincennes, dans les paroles que lui adressait le général Fabvier. Le langage de M. de Lafayette au général Sébastiani, à l'issue de la conférence du 20 décembre, les discours tenus à l'état-major de la garde nationale et dont les échos parvenaient au Palais-Royal, confirmaient ces symptômes. Malgré sa crédule confiance dans les élémens populaires dont nous venons d'exposer la funeste influence et les méfaits, le général de Lafayette avait tenu, durant le procès, un rôle aussi loyal qu'important. La générosité naturelle de son cœur, la droiture de ses intentions, en dépit de quelques imprudences, s'étaient affirmées avec éclat. Mais il avait maintenant la faiblesse de ne pas se montrer satisfait de l'interprétation donnée de tous côtés à un dénoûment auquel pour sa part il venait de noblement concourir, et à la victoire du gouvernement à qui, de concert avec MM. Dupont de l'Eure, Odilon Barrot et quelques autres, il reprochait souvent de renier son origine et d'oublier ses promesses. Ses propos, comme ceux de son enourage, faisaient prévoir de graves résolutions de sa part. La loi sur la garde nationale que la chambre discutait en ce moment lui fournit l'occasion qu'il cherchait de les prendre publiquement et, au lendemain de la crise dont nous avons raconté les péripéties, d'exposer le pays à une crise nouvelle dont on ne peut apprécier la gravité qu'en se souvenant de la popularité du général, de son influence, de son rôle pendant les Journées de Juillet, de la part qu'il avait eue à la fondation du nouveau gouvernement, — crise redoutable, si elle se fût prolongée et si l'esprit de résolution qui avait présidé à l'enlèvement des ministres dans la journée du 21 décembre n'eût dénoué en quelques heures les difficultés que la démission du commandant général faisait naître.

La chambre, après des débats qui duraient depuis plusieurs jours, venait d'aborder l'examen de l'article 50 de la loi ayant pour objet la réorganisation de la garde nationale. Cet article emportait la suppression du commandement supérieur que le général de Lafayette avait exercé pendant cinq mois dans une situation exceptionnelle, mais qui, de son propre aveu, devait prendre fin avec cette situation elle-même, à moins de créer dans l'état un pouvoir rival de celui du parlement et de celui de la couronne. La commission de la chambre et son rapporteur, M. Charles Dupin, s'étaient montrés à cet égard intraitables, plus intraitables même que le gouvernement. Par considération pour le général et par crainte que la suppression de son commandement ne déchaînât des passions encore menaçantes, le ministère, d'accord avec le roi et appuyé par un certain nombre de députés, était désireux de trouver une solution qui donnât satisfaction aux principes et permît à Louis-Philippe de donner à l'homme dont la popularité était alors si puissante un témoignage éclatant de confiance. La commission, au contraire, avait écarté tous les amendemens que divers membres de la chambre étaient venus développer devant elle. M. Charles Dupin les combattit à la tribune avec la même rigueur, quand l'article 50 permit à leurs auteurs de les présenter de nouveau et de les défendre. Ceux de MM. de La Rochefoucauld et de Vauxelles furent repoussés.

C'est alors que M. Eusèbe de Salverte déposa une proposition additionnelle, portant que les fonctions du commandement général cesseraient avec les circonstances qui les avaient rendues nécessaires. Malgré l'opposition du rapporteur, qui combattit énergiquement la forme et le fond de la proposition, le gouvernement, par l'organe du ministre de l'intérieur, fit mine de s'y rallier, en provoquant une ré-

daction qui, loin de mettre un terme au commandement du général de Lafayette, laissait le roi juge de
la nécessité de le maintenir ou de le supprimer. Mais
M. Charles Dupin, inébranlable dans son opposition
à toute modification apportée au projet de loi, écartant d'ailleurs les questions personnelles et ne parlant qu'au nom des principes, s'éleva vigoureusement
contre des idées qui les affaiblissaient; il s'étonna
même de ne pas trouver le ministre de l'intérieur à
côté de lui pour défendre la cause qu'il défendait.
Le ministre subit sans se plaindre des critiques dont
il comprenait la sagesse et qui apportaient après tout
au gouvernement un appui destiné à devenir le pivot
de sa conduite. C'est alors que M. Laffitte mit en
avant l'idée d'un commandement général honoraire,
succédant au commandement général effectif, et cette
fois la chambre donna aux propositions du cabinet
une adhésion presque unanime. La suppression des
fonctions fut votée le 24 décembre, à une imposante
majorité.

Quelle allait être, en présence de ce vote, l'attitude du général de Lafayette? En subirait-il sans se
plaindre les conséquences? Accepterait-il le commandement général honoraire de toutes les gardes nationales de France et le commandement de celle de

Paris que Louis-Philippe désirait lui voir garder? Adresserait-il au contraire au roi sa démission sans attendre que la chambre des pairs eût ratifié la décision de la chambre des députés? Enfin, si de ces diverses résolutions, il prenait celle que la rumeur publique, dirigée par son entourage, le montrait disposé à accepter, comment la population parisienne accueillerait-elle la nouvelle de sa retraite? Telles étaient les questions qui, dès le 25, se posaient devant le conseil, comme autant d'énigmes grosses de tempêtes et lui causaient d'assez vives appréhensions.

De tous les ministres, le moins alarmé à cet égard était le ministre de l'intérieur. Tenu par situation plus au courant de l'opinion des Parisiens qu'aucun de ses collègues, il croyait avoir acquis la preuve qu'en dépit des apparences, les Parisiens étaient assez indifférens à la question de savoir si M. de Lafayette resterait ou ne resterait pas à la tête de la garde nationale. Mais, autour de lui, on se montrait moins rassuré. Le préfet de la Seine, M. Odilon Barrot, et le préfet de police, M. Treilhard, affectaient même un pessimisme que son exagération permettait de croire peu sincère et qui exprimait plus encore leur mécontentement personnel que la vérité. Ce pessimisme éclata notamment dans une conférence qu'ils eurent avec le ministre et au cours de laquelle ils donnèrent à entendre que la retraite du général de Lafayette devait être considérée comme un malheur public, propre à exciter la garde nationale et à faire naître de nouveaux conflits. M. de Montalivet n'eut aucune peine à percer à jour ce système d'intimidation, dont deux fonctionnaires placés sous ses ordres se faisaient l'instrument vis-à-vis de lui. Il répondit avec fermeté en mettant en relief l'exagération du langage qu'il venait d'entendre. Il insista sur l'absence de tout intérêt pour la garde nationale de Paris dans la question traitée la veille à la chambre des députés. Il ne croyait pas que personne osât pousser le général de Lafayette à une susceptibilité « assurément éloignée de la noblesse de ses sentimens, et voulût encourir une si grave responsabilité. » Enfin, il engagea les préfets à se rendre auprès du vieux soldat et à lui faire entendre le langage qui convenait le mieux à ses devoirs envers la France comme au soin de sa gloire[1].

A l'issue de cet entretien, le ministre se rendit au conseil, où il apprit que le roi venait de recevoir de

1. Ces détails, comme ceux qui suivent, publiés pour la première fois, sont empruntés aux Mémoires inédits, déjà cités.

M. de Lafayette une lettre contenant sa démission.
Le premier mot du prince, en la recevant, avait été :

« Je ne l'accepterai pas. »

Résolu à n'être le prisonnier de personne, il ne
voulait pas cependant se donner l'apparence même
d'un tort envers un homme protégé à ses yeux par
les services qu'il en avait reçus, plus encore que par
sa popularité. Il voulait tenter de le détourner
de son dessein, et, d'accord avec lui, le conseil décida
qu'on s'efforcerait de faire revenir le général sur sa
détermination. Le soir, une nouvelle réunion eut
lieu. Le roi avait vu le général sans obtenir de lui
rien de formel, si ce n'est des récriminations et des
plaintes sur la politique du gouvernement. Puis il
avait envoyé auprès de lui l'un de ses aides-de-camp,
M. Berthois[1]; mais M. de Lafayette s'était tenu sur la
même réserve, refusant toujours de se prononcer.
Cependant sa démission n'était pas officiellement
donnée. M. Dupont de l'Eure fit alors remarquer
que l'attitude du général tenait moins aux opinions
émises dans la chambre et au langage des orateurs
qu'à un ensemble de faits politiques. Cette insinua
tion mystérieuse décida le ministère à déléguer deux

1. Le bruit courut que le duc d'Orléans, envoyé aussi par son
père, avait essayé vainement de modifier les intentions du général.

de ses membres auprès de M. de Lafayette afin d'obtenir une réponse précise. MM. Laffitte et de Montalivet furent désignés pour cette mission, qu'ils accomplirent à dix heures du soir.

Le général les reçut avec sa courtoisie accoutumée, dans son cabinet où il se trouvait seul, ses officiers étant réunis dans une autre pièce. M. Laffitte prit la parole et énuméra les motifs qui, selon lui, devaient détourner M. de Lafayette du dessein qu'il avait manifesté. Il parla longtemps. « Il se complaisait volontiers dans les développemens de sa pensée, nous a dit de lui un contemporain. Il était promptement satisfait de ses discours et croyait avoir rempli tout son devoir vis-à-vis de ceux qu'il voulait convaincre, quand, par le nombre, l'enchaînement et la forme de ses argumens, il était arrivé à se plaire à lui-même[1]. » Il ne doutait pas que le général fût touché par sa parole et se résignât à conserver le commandement de la garde nationale de Paris. Il le lui dit avec éloquence et crut l'avoir convaincu, encore que

1. Il n'est pas sans intérêt de rapprocher de ce jugement, formulé par un homme qui a beaucoup connu M. Laffite, celui que le duc de Richelieu portait sur son compte : « Ce banquier ambitieux, qui se croyait le roi des Halles et n'était qu'un écervelé, ne sachant ni ce qu'il voulait, ni ce qu'il faisait, capable de ruiner la France et de se ruiner lui-même par vanité. »

M. de Lafayette ne fit aucune réponse formelle et se retranchât derrière le soin de sa dignité et de sa popularité, ce qui était sa principale force. Le général se contentait d'exprimer des regrets pour les difficultés qu'il causait au roi. Tout à coup, et comme cet entretien, qui avait laissé de côté la vraie question, touchait à son terme, M. Laffitte se leva et les ministres se retirèrent sans avoir une indication positive à rapporter au roi. Mais quand ils furent seuls dans la voiture qui ramenait M. Laffitte au ministère des finances, M. de Montalivet exprima son étonnement. Il ne partageait pas la confiance de son collègue; il emportait de l'entrevue qui venait d'avoir lieu la conviction que M. de Lafayette ne modifierait pas sa décision première. A ces doutes exprimés avec vivacité, M. Laffitte répondit, au moment où il prenait congé du ministre de l'intérieur :

« Retournez donc chez le général; interrogez-le, et quand il vous aura répondu, sans doute, vous dormirez tranquille. »

Malgré ce qu'il y avait d'un peu ironique dans cette réponse, M. de Montalivet n'hésita pas et revint chez M. de Lafayette, dans le cabinet duquel il rentrait seul, dix minutes après en être sorti avec M. Laffitte. Cette fois, M. de Lafayette montra le fond de son cœur. Sa démission était prête; mais il ne se déciderait à la rendre définitive que s'il échouait dans la mission qu'il s'était donnée de faire, dans l'intérêt de la liberté, ce qu'il avait fait dans l'intérêt de l'ordre public. Ce qu'il réclamait avant tout, c'était l'exécution des promesses de l'Hôtel de Ville, et au pouvoir, des instrumens et des organes qui les eussent voulues avec sincérité. Il savait que le roi serait respectueux observateur de ses engagemens. Mais il n'était pas assisté comme il l'aurait fallu pour donner confiance au pays dont le général se croyait le fidèle interprète.

« La chambre des pairs n'est pas ce qu'elle devait être, ajouta-t-il. C'est un *impedimentum* et non un moteur. Il faut en nommer une autre peuplée d'amis sincères de la révolution. La chambre des députés doit être dissoute. Enfin, il faut un ministère inspirant confiance au pays. Il n'y a qu'un ministre de l'intérieur possible : Odilon Barrot. »

Il disait ces choses sous des formes douces, polies, flatteuses, même pour celui auquel il s'adressait. Que souhaitait-il après tout? Qu'on accueillît ses conseils « inspirés par l'intérêt de la France et celui de la couronne. » S'ils étaient acceptés, la crise était résolue, car il conserverait son commandement dans les conditions amoindries que lui faisait le vote de la chambre. Le programme de gouvernement, élaboré par les partisans de la politique de laisser-aller, par ces hommes qui, de bonne foi, mais victimes d'illusions funestes, ne voulaient pas voir les défauts du pays, ce programme, de l'adoption duquel le général faisait une condition *sine qua non*, venait d'être exposé dans son ensemble au jeune ministre de l'intérieur.

Il essaya d'y répondre brièvement, insistant sur la nécessité de maintenir les conditions d'ordre, dont la première était la scrupuleuse observation de la Charte de 1830. Il éleva un doute sur l'existence, chez M. Odilon Barrot, de ces qualités d'homme d'état que M. de Lafayette lui attribuait. Puis il s'expliqua, avec une franchise égale au respect qu'il professait pour le général, sur la manière dont les amis de ce dernier comprenaient sa gloire.

Cet entretien fut interrompu, tout à coup, par un officier qui, entrant sans être appelé, venait annoncer au commandant général que les rapports reçus à l'état-major signalaient une vive émotion dans Paris et faisaient craindre des manifestations pour le lendemain. Sans s'émouvoir de ces communications dont le but était aussi évident que leur vérité était douteuse, M. de Montalivet essaya d'agir de nouveau sur le général au nom de l'ordre public. Mais ce dernier resta inflexible. Le ministre, fixé désormais sur ce qu'il voulait savoir, revint au Palais-Royal, où le roi l'attendait. Il lui expliqua pourquoi, après être parti avec M. Laffitte, il revenait seul, et lui raconta son entretien avec M. de Lafayette, en émettant comme conclusion l'opinion qu'il était nécessaire de le remplacer sur-le-champ. Il fallait que le lendemain en se réveillant, en apprenant qu'une crise nouvelle l'avait menacé, Paris apprît en même temps qu'elle était conjurée. En présence de l'impossibilité de convoquer le conseil à cette heure avancée, et au nom de sa propre responsabilité, M. de Montalivet insistait pour être autorisé à agir seul. Mais le roi était hésitant; il conservait encore l'espoir de vaincre la résistance de M. de Lafayette. Il allait et venait entre son cabinet où se tenait son ministre et la pièce voisine dans laquelle se trouvaient la reine[1] et Mme Adélaïde, auxquelles il faisait part des

1. La reine Marie-Amélie prenait ouvertement peu de part aux discussions qui s'élevaient autour d'elle, et la laissant avec ses enfans dans le petit salon qu'il appelait la « bobinette, » c'est surtout avec Mme Adélaïde que le roi aimait à s'entretenir des affaires de l'état. Il trouvait chez sa sœur un esprit net, énergique et clair, que n'aveuglait jamais un dévoûment passionné à son frère. Mais,

nouvelles que M. de Montalivet venait de lui apporter et des perplexités qu'elles éveillaient en lui. La reine joignit ses instances à celles du ministre. Dans le plus beau langage, elle adjura le roi « de briser la chaîne, » de se soustraire à des conditions qui lui auraient fait un règne sans dignité et sans honneur. Cependant, l'indécision du prince durait encore. Mais un incident inattendu vint la faire cesser. On apporta une lettre; elle était de M. de Lafayette et ne laissait aucun doute sur ses résolutions [1]. Louis-Philippe se décida alors à accepter cette démission que, selon les termes de sa réponse au général, « il aurait tant voulu prévenir et qui lui faisait tant de peine; » puis il autorisa M. de Montalivet à agir, afin de donner à M. de Lafayette un successeur. Le nom de plusieurs officiers généraux dignes de le remplacer furent prononcés. Après les avoir tous examinés, le roi s'arrêta définitivement à celui du général Mouton, comte de Lobau [2], l'un des plus glorieux et des plus populaires parmi

---

quand la reine faisait entendre des conseils, qu'elle y fût ou non conviée, c'était toujours avec une élévation, une fermeté, une grandeur qu'ont admirées tous ceux qui ont vu, en ces instans, cette noble femme.

1. Voir aux pièces historiques nᵒ 5.

2. Né à Phalsbourg en 1770, mort en 1838.

les généraux de l'empire, et dont il connaissait le dévoûment à sa personne et à sa cause.

Pendant que se traitait cette grave question, plusieurs des colonels des légions s'étaient rendus au Palais-Royal, dans le salon des aides-de-camp, afin de connaître le résultat des pourparlers engagés entre le roi et le général de Lafayette. Le ministre de l'intérieur envoya chercher les autres. Vers minuit, à l'exception de M. de Tracy, que ses fonctions d'aide-major général retenaient auprès du commandant supérieur, et de M. de Corcelles, qui appartenait à l'extrême gauche, tous étaient réunis. M. de Montalivet leur fit connaître la démission de M. de Lafayette et les circonstances qui l'avaient provoquée. Cette communication fut accueillie avec stupeur. Deux des officiers, le marquis de Marmier et le baron de Schonen, émirent même des doutes sur le caractère définitif de la démission. Ils ne pouvaient croire que M. de Lafayette abandonnât sans motif un poste où chacun souhaitait de le voir rester.

« Allez donc vous-même, messieurs, vous assurer de la réalité de ses intentions, leur dit M. de Montalivet. »

Tandis qu'ils se rendaient à l'état-major, lui-même se dirigeait vers le domicile du comte de

Lobau. Il eut beaucoup de peine à arriver jusqu'au vieux soldat qu'il trouva couché, et auquel il dit, en peu de mots, le service que le roi attendait de lui.

« Que voulez-vous que je fasse de la garde nationale? demanda vivement ce dernier.

— Une armée de l'ordre, » répondit le ministre, en invoquant les raisons qui mettaient en péril la couronne.

Le général se laissa convaincre, se leva et s'habilla pour se rendre au Palais-Royal.

Le ministre de l'intérieur y trouva, en y rentrant, MM. de Marmier et de Schonen qui étaient revenus de leur visite chez M. de Lafayette. Après avoir été obligés d'insister, pour être admis à le voir, ils l'avaient entendu confirmer la nouvelle de sa démission. Ils étaient convaincus maintenant de la nécessité de son remplacement. Le ministre fit appel à leur dévoûment comme à celui de leurs collègues et, dans l'hypothèse où un commandant ne serait pas nommé le lendemain, il commençait à leur dicter un ordre du jour, quand le roi entra, en tenant par la main le général comte de Lobau qu'il leur présenta. La simplicité du général, son attitude produisirent, dès ce moment, sur eux, une impression qui rassura le roi et son ministre. L'illustre soldat prit possession de

son commandement sans phrases. On sait qu'il devait
l'exercer avec fermeté et dans une sorte d'obscurité
volontaire, plus propre à maintenir et fortifier la
discipline que ne le pouvaient les verbeux et éclatans
discours du héros de l'indépendance américaine.
C'est le 26 décembre, à sept heures du matin, que
Paris apprenait, sans trouble, le péril qu'il avait
couru et la nomination qui conjurait ce péril.

C'est ainsi que fut résolûment close la crise du
procès des ministres. Le règne de Louis-Philippe
était destiné à connaître d'autres épreuves. Dès ce
moment, on pouvait les prévoir, mais aussi les
attendre sans faiblesse, car les péripéties de la première, la plus redoutable, venaient de mettre en
évidence le courage du roi et de sa famille et la fermeté des hommes ralliés sans arrière-pensées à sa
cause devenue la cause de tous les Français, épris au
même degré de sécurité et de liberté.

Au moment même où, par la nomination du comte
de Lobau, se dénouait la crise, le 28 décembre, à deux
heures du matin, les anciens ministres de Charles X
quittaient le château de Vincennes pour être dirigés
sous bonne escorte sur le fort de Ham, où ils devaient
subir leur peine. Ils firent le voyage dans deux voitures. Le prince de Polignac et M. de Chantelauze

occupaient la première avec le commandant de Ham ; MM. de Peyronnet et de Guernon-Ranville avaient pris place dans la seconde avec le colonel Lavocat et l'un des aides-de-camp du ministre de la guerre. Grâce aux mesures adoptées pour protéger leur route, le voyage s'accomplit paisiblement. On n'eut d'alerte qu'à Compiègne, où l'attitude de la population obligea les conducteurs à traverser la ville au galop.

La captivité des condamnés dura six ans et ne laissa pas d'être rigoureuse. Pressée d'y mettre un terme, c'est seulement aux mois d'octobre et de novembre 1836 que la clémence royale, retenue jusque-là par d'implacables nécessités politiques, put accorder leur grâce aux quatre ministres, sans leur imposer d'autres conditions que celles d'une retraite absolue, aggravée pour M. de Polignac d'un bannissement de vingt ans, justifié par la peine de la mort civile prononcée contre lui, mais auquel la courageuse amnistie de 1837 mit subitement un terme.

Ils vécurent, dès ce moment, obscurs et ignorés, M. de Chantelauze à Lyon, où il s'éteignit en 1859 ; M. de Peyronnet à Montferrand, près de Bordeaux, où une attaque d'apoplexie l'enleva en 1854 ; M. de Guernon-Ranville aux environs de Caen. Des quatre

principaux acteurs du drame de 1830, M. de Guernon-
Ranville était le plus jeune. Il disparut le dernier en
1866. M. de Polignac avait précédé ses collègues
dans la tombe, en 1847, à Saint-Germain, oublié
déjà comme eux, aussi bien oublié que les passions
déchaînées par son imprudence et son aveuglement,
et dont il fut la plus illustre victime après le roi
Charles X.

FIN DU LIVRE SECOND.

CONCLUSION.

Dans le récit qu'on vient de lire, on a vu le général de Lafayette sacrifier son commandement de la garde nationale à un désir de vaine popularité et à un inexplicable goût pour ces dangereuses et vagues utopies de l'Hôtel de Ville, dont il s'était fait le champion, sans en saisir tous les dangers. Mais sa démission ne porta pas les fruits qu'il en avait espérés, et, bien que le mérite d'imposer à tous sans exception les lois, les conditions et les règles de l'ordre public fût réservé au ministère Perier, néanmoins cette démission fit faire à cette grande cause de la sécurité un progrès sensible. On comprit alors qu'en l'acceptant, le roi Louis-Philippe avait assuré à la Charte de 1830 une première et décisive victoire.

Le général ne tarda pas d'ailleurs à faire lui-même l'aveu de la nouvelle situation qu'il avait voulu prendre. Voici, en effet, en quels termes, le lendemain même de sa démission, dans la séance de la chambre des députés du 27 décembre, il s'expliquait sur l'attitude qui avait immédiatement suivi la journée du 24 :

« Encore un mot, messieurs; cette démission, reçue par le roi avec tous les témoignages de sa bonté ordinaire pour moi, je ne l'aurais pas donnée avant la crise que nous venons de traverser. Aujourd'hui, ma conscience *d'ordre public* est pleinement satisfaite ; j'avoue qu'il n'en est pas de même de ma *conscience de liberté*.

« Nous connaissons tous ce programme de l'Hôtel de Ville : *un trône populaire entouré d'institutions républicaines*. Il a été accepté; mais nous ne l'entendons pas tous de même. Il ne l'a pas toujours été par les conseils du roi comme par moi, qui suis plus impatient que d'autres de le réaliser [1]. »

Dès le même jour, M. Dupont de l'Eure avait donné sa démission et était remplacé, comme garde des sceaux, par M. Mérilhou, en même temps que M. Barthe, devenant ministre de l'instruction publique et des cultes, venait renforcer dans le con-

---

1. Il négligeait de parler des conditions presque factieuses qu'il avait posées au roi dans la nuit même de sa démission, mais ces conditions ont été constatées par plusieurs témoignages.

seil le parti conservateur du nouveau gouvernement. M. Odilon Barrot, qui se sentait atteint par les démissions de M. de Lafayette et de M. Dupont, prononça le 28, à la chambre des députés, un discours habile où il semblait donner sa démission de préfet de la Seine, quand en réalité il offrait seulement sa démission de la magistrature politique dont il s'était emparé et qu'il avait exercée avec d'excellentes intentions sans doute, mais aussi avec une faiblesse favorable aux progrès de l'anarchie.

« Quant à moi, dit-il, qui suis bien loin de m'attribuer la dixième partie de l'influence que peut avoir un si grand citoyen, je n'ai pas pu oublier qu'ayant, dans un temps, signalé mon opposition à quelques actes de la majorité de cette chambre, et cette opposition ayant continué, je pouvais être dans le sein du gouvernement un point d'irritation, un obstacle à la réalisation de tous les vœux patriotiques de l'administration de sa majesté. J'ai senti que peut-être le moment était venu de me retirer. . . . . .

. . . J'ai cédé à l'opinion que j'ai de l'intérêt même de l'administration du roi. Je l'ai supplié de vouloir bien marquer un terme à cette mission que je n'avais pas recherchée, et me rendre à ma liberté, à mes travaux. J'espère que sa majesté entendra mon vœu, et qu'elle sentira enfin que le moment est venu de faire rentrer tous les pouvoirs dans leur véritable sphère. Si l'empire des circonstances, la nécessité plus forte que les lois et même que les volontés individuelles, a fait du préfet de la Seine un homme politique, l'a enlevé à ses attributions purement civiles pour l'investir en quelque sorte d'une magistrature populaire et de police, il est temps de faire cesser cet état de choses; il est temps que le magistrat politique disparaisse, pour être remplacé par l'administrateur. »

Le ministre de l'intérieur commit alors la faute de ne pas saisir l'occasion et de ne pas s'efforcer de faire accepter la démission de M. Odilon Barrot comme préfet; mais, aurait-il réussi avec MM. Laffitte et Mérilhou et les hésitations du maréchal Soult, du général Sébastiani et même du roi, qui avait à ses côtés, dans la personne du prince royal et de sa sœur, de chauds partisans de M. Barrot? Pour en arriver là, il fallait tomber, de chute en chute, jusqu'aux funestes journées de février 1831 et jusqu'à l'anarchie de ce mois déplorable, pendant lequel les désolantes faiblesses du gouvernement pâlirent devant l'incapacité gouvernementale du préfet de la Seine.

Quoi qu'il en soit, au lendemain de la démission de MM. de Lafayette et Dupont, le ministre de l'intérieur insista pour que M. Odilon Barot restât à l'Hôtel de Ville ; il lui imposa seulement le renvoi de son secrétaire-général, M. Taschereau, et l'exclusion de l'Hôtel de Ville de la société « Aide-toi, le ciel t'aidera, » qui s'y réunissait, sous la présidence de ce dernier.

Le gouvernement s'était donc dégagé d'une partie des causes de sa faiblesse intérieure ; mais qu'il était loin encore des vraies conditions de la puissance légale et de l'ordre public, dont la retraite de M. Odilon Barrot devait seule lui assurer la possession ! Cette sortie, M. de Montalivet l'exigea, sa démission à la main, après une lutte parlementaire à la tribune de la chambre des députés au sujet des événemens du milieu de février [1].

Quelques jours après, il provoquait la dissolution du cabinet dans une réunion, à l'issue de laquelle,

1. C'est dans cette discussion que le 17 février 1831, M. de Salvandy prononçait les paroles suivantes :

« Ce n'est pas surtout au chef du département de l'intérieur que j'aurais fait d'injustes reproches. Je lui sais gré, comme toute la chambre, d'avoir osé depuis bien des jours engager une lutte soutenue contre l'un de ses préfets ; c'est un choc redoutable au ministère : il l'a bravé avec courage ; reste maintenant à voir si cette fois un ministère s'y brisera. (*On rit.*)

éclairé par cet éclat nécessaire, le roi, qui, depuis le mois d'octobre, avait caressé la pensée de réunir dans la même administration MM. Laffitte et Casimir Perier pour corriger les deux caractères l'un par l'autre, comprit qu'il y devait renoncer, choisir au contraire entre l'un et l'autre, et se décida pour l'illustre président de la chambre des députés. C'est ainsi que les événemens dont on vient de parler étaient destinés à n'être en quelque sorte que le prologue du ministère de M. Casimir Perier, sur lequel son génie politique a jeté, on le sait, un mémorable éclat.

PIÈCES HISTORIQUES

I.

(Voir page 48.)

Voici le texte des ordonnances du 25 juillet 1830, ainsi que le rapport de M. de Chantelauze qui les précédait. Malgré leur longueur, on lira avec intérêt ces documens qui appartiennent à l'histoire du *Procès des ministres*, au même titre que des pièces d'accusation.

RAPPORT AU ROI.

Sire,

Vos ministres seraient peu dignes de la confiance dont votre majesté les honore, s'ils tardaient plus longtemps à placer sous vos yeux un aperçu de notre situation intérieure et à signaler à votre haute sagesse les dangers de la presse périodique.

A aucune époque, depuis quinze années, cette situation ne s'était présentée sous un aspect plus grave et plus affligeant. Malgré une prospérité matérielle dont nos annales n'avaient jamais offert d'exemple, des signes de désorganisation et des symptômes d'anarchie se manifestent sur presque tous les points du royaume.

Les causes successives qui ont concouru à affaiblir les ressorts du gouvernement monarchique tendent aujourd'hui à en altérer et à en changer la nature : déchue de sa force morale, l'autorité, soit dans la capitale, soit dans les provinces, ne lutte plus qu'avec désavantage contre les factions; des doctrines pernicieuses et subversives, hautement professées, se répandent et se propagent dans toutes les classes de la population; des inquiétudes trop généralement accréditées agitent les esprits et tourmentent la société. De toutes parts, on demande au présent des gages de sécurité pour l'avenir.

Une malveillance active, ardente, infatigable travaille à ruiner tous les fondemens de l'ordre et à ravir à la France le bonheur dont elle jouit sous le sceptre de ses rois. Habile à exploiter tous les mécontentemens et à soulever toutes les haines, elle fomente, parmi les peuples, un esprit de défiance et d'hostilité envers le pouvoir, et cherche à semer partout des germes de trouble et la guerre civile.

Et déjà, sire, des événemens récens ont prouvé que les passions politiques, contenues jusqu'ici dans les sommités de la société, commencent à en pénétrer les profondeurs et à émouvoir les masses populaires. Ils ont prouvé aussi que ces masses ne s'ébranleraient pas toujours sans danger pour ceux-là même qui s'efforcent de les arracher au repos.

Une multitude de faits, recueillis dans le cours des opérations électorales, confirment ces données et nous offriraient le présage trop certain de nouvelles commotions, s'il n'était au pouvoir de votre majesté d'en détourner le malheur.

Partout aussi, si l'on observe avec attention, existe un besoin d'ordre, de force et de permanence, et les agitations qui y semblent le plus contraires n'en sont en réalité que l'expression et le témoignage.

Il faut bien le reconnaître : ces agitations, qui ne peuvent s'accroître sans de grands périls, sont presque exclusivement produites et excitées par la liberté de la presse. Une loi sur les élections, non moins féconde en désordres, a sans doute concouru à les entretenir; mais ce serait nier l'évidence que de ne pas voir dans les journaux le principal foyer d'une corruption dont les progrès sont chaque jour plus sensibles et la première source des calamités qui menacent le royaume.

L'expérience, sire, parle plus hautement que les théories. Des hommes éclairés sans doute, et dont la bonne foi d'ailleurs n'est pas suspecte, entraînés par l'exemple mal compris d'un peuple voisin, ont pu croire que les avantages de la presse périodique en balanceraient les inconvéniens, et que ses excès se neutraliseraient par des excès contraires. Il n'en a pas été ainsi, l'épreuve

18

est décisive et la question est maintenant jugée dans la conscience publique.

A toutes les époques, en effet, la presse périodique n'a été, et il est dans sa nature de n'être qu'un instrument de désordre et de sédition.

Que de preuves nombreuses et irrécusables à apporter à l'appui de cette vérité ! C'est par l'action violente et non interrompue de la presse que s'expliquent les variations trop subites, trop fréquentes, de notre politique intérieure. Elle n'a pas permis qu'il s'établît en France un système régulier et stable de gouvernement, ni qu'on s'occupât avec quelque suite d'introduire dans toutes les branches de l'administration publique les améliorations dont elles sont susceptibles. Tous les ministères depuis 1814, quoique formés sous des influences diverses et soumis à des directions opposées, ont été en butte aux mêmes traits, aux mêmes attaques et au même déchaînement de passions. Les sacrifices de tout genre, les concessions de pouvoir, les alliances de parti, rien n'a pu les soustraire à cette commune destinée.

Ce rapprochement seul, si fertile en réflexions, suffirait pour assigner à la presse son véritable, son invariable caractère. Elle s'applique, par des efforts soutenus, persévérans, répétés chaque jour, à relâcher tous les liens d'obéissance et de subordination, à user les ressorts de l'autorité publique, à la rabaisser, à l'avilir dans l'opinion des peuples, et à lui créer partout des embarras et des résistances.

Son art consiste non pas à substituer à une trop facile

soumission d'esprit une sage liberté d'examen, mais à
réduire en problème les vérités les plus positives; non
pas à provoquer sur les questions politiques une contro-
verse franche et utile, mais à les présenter sous un faux
jour et à les résoudre par des sophismes.

La presse a jeté ainsi le désordre dans les intelligences les plus droites, ébranlé les convictions les plus
fermes, et produit, au milieu de la société, une confusion
de principes qui se prête aux tentatives les plus funestes.
C'est par l'anarchie dans les doctrines qu'elle prélude à
l'anarchie dans l'état.

Il est digne de remarque, sire, que la presse périodique n'a pas même rempli sa plus essentielle condition, celle de la publicité. Ce qui est étrange, mais ce
qui est vrai à dire, c'est qu'il n'y a pas de publicité en
France, en prenant ce mot dans sa juste et rigoureuse
acception. Dans l'état des choses, les faits, quand ils ne
sont pas entièrement supposés, ne parviennent à la connaissance de plusieurs millions de lecteurs que tron-
qués, défigurés, mutilés de la manière la plus odieuse.
Un épais nuage, élevé par les journaux, dérobe la vérité
et intercepte en quelque sorte la lumière entre le gouvernement et les peuples. Les rois vos prédécesseurs,
sire, ont toujours aimé à se communiquer à leurs sujets :
c'est une satisfaction dont la presse n'a pas voulu que
votre majesté pût jouir.

Une licence qui a franchi toutes les bornes n'a respecté, en effet, même dans les occasions les plus solen-
nelles, ni les volontés expresses du roi, ni les paroles

descendues du haut du trône. Les uns ont été méconnus et dénaturés; les autres ont été l'objet de perfides commentaires ou d'amères dérisions. C'est ainsi que le dernier acte de la puissance royale, la proclamation, a été discrédité dans le public avant même d'être connu des électeurs.

Ce n'est pas tout. La presse ne tend pas à moins qu'à subjuguer la souveraineté et à envahir les pouvoirs de l'état. Organe prétendu de l'opinion publique, elle aspire à diriger les débats des deux chambres, et il est incontestable qu'elle y apporte le poids d'une influence non moins fâcheuse que décisive. Cette domination a pris, surtout depuis deux ou trois ans, dans la chambre des députés, un caractère manifeste d'oppression et de tyrannie. On a vu, dans cet intervalle de temps, les journaux poursuivre de leurs insultes et de leurs outrages les membres dont le vote leur paraissait incertain ou suspect. Trop souvent, sire, la liberté des délibérations dans cette chambre a succombé sous les coups redoublés de la presse.

On ne peut qualifier en termes moins sévères la conduite des journaux de l'opposition dans les circonstances les plus récentes. Après avoir eux-mêmes provoqué une adresse attentatoire aux prérogatives du trône, ils n'ont pas craint d'ériger en principe la réélection des 221 députés dont elle est l'ouvrage. Et cependant votre majesté avait repoussé cette adresse comme offensante; elle avait porté un blâme public sur le refus de concours qui y était exprimé; elle avait annoncé sa résolution immuable de défendre les droits de sa couronne si ouvertement compromis. Les feuilles périodiques n'en ont tenu aucun compte; elles ont pris, au contraire, à tâche de renouveler, de perpétuer et d'aggraver l'offense. Votre majesté décidera si cette attaque téméraire doit rester plus longtemps impunie.

Mais de tous les excès de la presse, le plus grave peut-être nous reste à signaler. Dès les premiers temps de cette expédition dont la gloire jette un éclat si pur et si durable sur la noble couronne de France, la presse en a critiqué avec une violence inouïe les causes, les moyens, les préparatifs, les chances de succès. Insensible à l'honneur national, il n'a pas dépendu d'elle que notre pavillon ne restât flétri des insultes d'un barbare. Indifférente aux grands intérêts de l'humanité, il n'a pas dépendu d'elle que l'Europe ne restât asservie à un esclavage cruel et à des tributs honteux.

Ce n'était point assez : par une trahison que nos lois auraient pu atteindre, la presse s'est attachée à publier tous les secrets de l'armement, à porter à la connaissance de l'étranger l'état de nos forces, le dénombrement de nos troupes, celui de nos vaisseaux, l'indication des points de station, les moyens employés pour dompter l'inconstance des vents et pour aborder la côte. Tout, jusqu'au lieu de débarquement, a été divulgué comme pour ménager à l'ennemi une défense plus assurée.

Et, chose sans exemple chez un peuple civilisé, la presse, par de fausses alarmes sur les périls à courir, n'a pas craint de jeter le découragement dans l'armée, et, signalant à sa haine le chef même de l'entreprise, elle a pour ainsi dire excité les soldats à lever contre lui l'étendard de la révolte ou à déserter leurs drapeaux! Voilà ce qu'ont osé faire les organes d'un parti qui se prétend national!

Ce qu'il ose faire chaque jour dans l'intérieur du royaume ne va pas moins qu'à disperser les élémens de la paix publique, à dissoudre les liens de la société, et, qu'on ne s'y méprenne point, à faire trembler le sol sous nos pas. Ne craignons pas de révéler ici toute l'étendue de nos maux, pour pouvoir mieux apprécier toute l'étendue de nos ressources. Une diffamation systématique, organisée en grand, et dirigée avec une persévérance sans égale, va atteindre, ou de près ou de loin, jusqu'au plus humble des agens du pouvoir. Nul de vos sujets, sire, n'est à l'abri d'un outrage, s'il reçoit de son souverain la moindre marque de confiance ou de satisfaction. Un vaste réseau, étendu sur la France, enveloppe tous les fonctionnaires publics; constitués en état permanent de prévention, ils semblent en quelque sorte retranchés de la société civile; on n'épargne que ceux dont la fidélité chancelle; on ne loue que ceux dont la fidélité succombe; les autres sont notés par la faction pour être plus tard, sans doute, immolés aux vengeances populaires.

La presse périodique n'a pas mis moins d'ardeur à poursuivre de ses traits envenimés la religion et le prêtre. Elle veut, elle voudra toujours déraciner dans le cœur des peuples, jusqu'au dernier germe des sentimens religieux. Sire, ne doutez pas qu'elle n'y parvienne, en attaquant les fondemens de la foi, en altérant les sources de la morale publique, et en prodiguant à pleines mains la dérision et le mépris aux ministres des autels.

Nulle force, il faut l'avouer, n'est capable de résister à un dissolvant aussi énergique que la presse. A toutes les époques où elle s'est dégagée de ses entraves, elle a fait irruption, invasion dans l'état. On ne peut qu'être singulièrement frappé de la similitude de ses effets depuis quinze ans, malgré la diversité des circonstances et malgré le changement des hommes qui ont occupé la scène politique. Sa destinée est, en un mot, de recommencer la révolution, dont elle proclame hautement les principes. Placée et replacée à plusieurs intervalles sous le joug de la censure, elle n'a autant de fois ressaisi la liberté que pour reprendre son ouvrage interrompu. Afin de le continuer avec plus de succès, elle a trouvé un actif auxiliaire dans la presse départementale qui, mettant aux prises les jalousies et les haines locales, semant l'effroi dans l'âme des hommes timides, harcelant l'autorité par d'interminables tracasseries, a exercé une influence presque décisive sur les élections.

Ces derniers effets, sire, sont passagers; mais des effets plus durables se font remarquer dans les mœurs et dans le caractère de la nation. Une polémique ardente, mensongère et passionnée, école de scandale et de licence, y produit des changemens graves et des altérations profondes; elle donne une fausse direction aux esprits, les remplit de préventions et de préjugés, les détourne des études sérieuses, nuit ainsi au progrès des arts et des sciences, excite parmi nous une fermentation toujours croissante, entretient, jusque dans le sein des familles, de funestes dissensions, et pourrait, par degrés, nous ramener à la barbarie.

Contre tant de maux enfantés par la presse périodique, la loi et la justice sont également réduites à confesser leur impuissance.

Il serait superflu de rechercher les causes qui ont atténué la répression et en ont fait insensiblement une arme inutile dans la main du pouvoir. Il nous suffit d'interroger l'expérience et de constater l'état présent des choses.

Les mœurs judiciaires se prêtent difficilement à une répression efficace. Cette vérité d'observation avait depuis longtemps frappé de bons esprits, elle a acquis nouvellement un caractère plus marqué d'évidence. Pour satisfaire aux besoins qui l'ont fait instituer, la répression aurait dû être prompte et forte : elle est lente, faible et à peu près nulle. Lorsqu'elle intervient, le dommage est commis; loin de le réparer, la punition y ajoute le scandale du débat.

La poursuite juridique se lasse, la presse séditieuse ne se lasse jamais. L'une s'arrête, parce qu'il y a trop à sévir, l'autre multiplie ses forces en multipliant ses délits.

Dans des circonstances diverses, la poursuite a eu ses périodes d'activité ou de relâchement. Mais zèle ou tiédeur de la part du ministère public, qu'importe à la presse? Elle cherche dans le redoublement de ses excès la garantie de leur impunité.

L'insuffisance, ou plutôt l'inutilité des précautions établies dans les lois en vigueur, est démontrée par les faits. Ce qui est également démontré par les faits, c'est que la sûreté publique est compromise par la licence de la presse. Il est temps, il est plus que temps d'en arrêter les ravages.

Entendez, sire, ce cri prolongé d'indignation et d'effroi qui part de tous les points de votre royaume. Les hommes paisibles, les gens de bien, les amis de l'ordre élèvent vers votre majesté des mains suppliantes. Tous lui demandent de les préserver du retour des calamités dont leurs pères ou eux-mêmes eurent tant à gémir. Ces alarmes sont trop réelles pour n'être pas écoutées, ces vœux sont trop légitimes pour n'être pas accueillis.

Il n'est qu'un seul moyen d'y satisfaire, c'est de rentrer dans la Charte. Si les termes de l'article 8 sont ambigus, son esprit est manifeste. Il est certain que la Charte n'a pas concédé la liberté des journaux et des écrits périodiques. Le droit de publier ses opinions personnelles n'implique sûrement pas le droit de publier, par voie d'entreprise, les opinions d'autrui. L'un est l'usage d'une faculté que la loi a pu laisser libre ou soumettre à des restrictions, l'autre est une spéculation d'industrie qui, comme les autres et plus que les autres, suppose la surveillance de l'autorité publique.

Les intentions de la Charte, à ce sujet, sont exactement expliquées dans la loi du 21 octobre 1814, qui en est en quelque sorte l'appendice; on peut d'autant moins en douter que cette loi fut présentée aux chambres le 5 juillet, c'est-à-dire un mois après la promulgation de la Charte. En 1819, à l'époque même où un système contraire prévalut dans les chambres, il y fut hautement proclamé que la presse périodique n'était point régie par la disposition de l'article 8. Cette vérité est d'ailleurs attestée par les lois même qui ont imposé aux journaux la condition d'un cautionnement.

Maintenant, sire, il ne reste plus qu'à se demander comment doit s'opérer ce retour à la Charte et à la loi du 21 octobre 1814. La gravité des conjectures présentes a résolu cette question.

Il ne faut pas s'abuser. Nous ne sommes plus dans les conditions ordinaires du gouvernement représentatif. Les principes sur lesquels il a été établi n'ont pu demeurer intacts au milieu des vicissitudes politiques. Une démocratie turbulente, qui a pénétré jusque dans nos lois, tend à se substituer au pouvoir légitime. Elle dispose de la majorité des élections par le moyen de ses journaux et le concours d'affiliations nombreuses. Elle a paralysé, autant qu'il dépendait d'elle, l'exercice régulier de la plus essentielle prérogative de la couronne, celle de dissoudre la chambre élective. Par cela même, la constitution de l'état est ébranlée : votre majesté seule conserve la force de la rasseoir et de la raffermir sur ses bases.

Le droit, comme le devoir, d'en assurer le maintien, est l'attribut inséparable de la souveraineté. Nul gouvernement sur la terre ne resterait debout, s'il n'avait le droit de pourvoir à sa sûreté. Ce pouvoir est préexistant aux lois, parce qu'il est dans la nature des choses. Ce sont là, sire, des maximes qui ont pour elles et la sanction des temps et l'aveu de tous les publicistes de l'Europe.

Mais ces maximes ont une autre sanction plus positive encore, celle de la Charte elle-même. L'article 14 a investi votre majesté d'un pouvoir suffisant, non sans doute pour changer nos institutions, mais pour les consolider et les rendre plus immuables.

D'impérieuses nécessités ne permettent plus de différer l'exercice de ce pouvoir suprême. Le moment est venu de recourir à des mesures qui rentrent dans l'esprit de la Charte, mais qui sont en dehors de l'ordre légal, dont toutes les ressources ont été inutilement épuisées.

Ces mesures, sire, vos ministres, qui doivent en assurer le succès, n'hésitent pas à vous les proposer, convaincus qu'ils sont que force restera à justice.

Nous sommes avec le plus profond respect,

Sire,

De votre majesté,
Les très humbles et très fidèles sujets,

Le président du conseil des ministres,

PRINCE DE POLIGNAC.

Le garde des sceaux de France, ministre de la justice,

CHANTELAUZE.

Le ministre secrétaire d'état de la marine et des colonies,

BARON D'HAUSSEZ.

Le ministre secrétaire d'état de l'intérieur,

COMTE DE PEYRONNET.

Le ministre secrétaire d'état des finances,

MONTBEL.

Le ministre secrétaire d'état des affaires ecclésiastiques et de l'instruction publique,

COMTE DE GUERNON-RANVILLE.

Le ministre secrétaire d'état des travaux publics,

BARON CAPELLE.

ORDONNANCE DU ROI.

CHARLES, par la grace de Dieu, roi de France et de Navarre, à tous ceux qui ces présentes verront, salut.

Sur le rapport de notre conseil des ministres,

Nous avons ordonné et ordonnons ce qui suit :

ARTICLE PREMIER. La liberté de la presse périodique est suspendue.

ART. 2. Les dispositions des articles 1er, 2 et 9 du titre Ier de la loi du 21 octobre 1814 sont remises en vigueur.

En conséquence, nul journal et écrit périodique ou semi-périodique, établi ou à établir, sans distinction des matières qui y seront traitées, ne pourra paraître, soit à Paris, soit dans les départemens, qu'en vertu de l'autorisation qu'en auront obtenue de nous séparément les auteurs et l'imprimeur.

Cette autorisation devra être renouvelée tous les trois mois.

Elle pourra être révoquée.

ART. 3. L'autorisation pourra être provisoirement accordée et provisoirement retirée par les préfets aux journaux et ouvrages périodiques et semi-périodiques publiés ou à publier dans les départemens.

ART. 4. Les journaux et écrits publiés par contravention à l'article 2 seront immédiatement saisis.

Les presses et caractères qui auront servi à leur impression seront placés dans un dépôt public et sous scellés, ou mis hors de service.

ART. 5. Nul écrit au-dessous de vingt feuilles d'impression ne pourra paraître qu'avec l'autorisation de notre ministre secrétaire d'état de l'intérieur à Paris, et des préfets dans les départemens.

Tout écrit de plus de vingt feuilles d'impression qui ne constituera pas un même corps d'ouvrage sera également soumis à la nécessité de l'autorisation.

Les écrits publiés sans autorisation seront immédiatement saisis.

Les presses et caractères qui auront servi à leur impression seront placés dans un dépôt public et sous scellés ou mis hors de service.

ART. 6. Les Mémoires sur procès et les Mémoires des sociétés savantes ou littéraires sont soumis à l'autorisation préalable, s'ils traitent en tout ou en partie de matières politiques, cas auquel les mesures prescrites par l'article 5 leur seront applicables.

ART. 7. Toute disposition contraire aux présentes restera sans effet.

ART. 8. L'exécution de la présente ordonnance aura lieu en conformité de l'article 4 de l'ordonnance du 27 novembre 1816 et de ce qui est prescrit par celle du 18 janvier 1817.

ART. 9. Nos ministres secrétaires d'état sont chargés de l'exécution des présentes.

Donné en notre château de Saint-Cloud, le vingt-cinq de juillet de l'an de grâce mil huit cent trente, et de notre règne le sixième.

CHARLES.

Par le roi :

Le président du conseil des ministres,
PRINCE DE POLIGNAC.

Le garde des sceaux de France, ministre de la justice,
CHANTELAUZE.

Le ministre secrétaire d'état de la marine et des colonies,
BARON D'HAUSSEZ.

Le ministre secrétaire d'état de l'intérieur,
COMTE DE PEYRONNET.

Le ministre secrétaire d'état des finances,
MONTBEL.

Le ministre secrétaire d'état des affaires ecclésiastiques et de l'instruction publique,
COMTE DE GUERNON-RANVILLE.

Le ministre secrétaire d'état des travaux publics,
BARON CAPELLE.

CHARLES, par la grace de Dieu, roi de France et de Navarre, à tous ceux qui ces présentes verront, salut.

Vu l'article 50 de la Charte constitutionnelle,

Étant informé des manœuvres qui ont été pratiquées sur plusieurs points de notre royaume pour tromper et égarer les électeurs pendant les dernières opérations des colléges électoraux,

Notre conseil entendu,

Nous avons ordonné et ordonnons :

Article premier. La chambre des députés des départemens est dissoute.

Art. 2. Notre ministre secrétaire d'état de l'intérieur est chargé de l'exécution de la présente ordonnance.

Donné à Saint-Cloud, le 25.ᵉ jour du mois de juillet de l'an de grâce mil huit cent trente, et de notre règne le sixième.

CHARLES.

Par le roi :

Le ministre secrétaire d'état de l'intérieur,
Cᵗᵉ DE PEYRONNET.

CHARLES, par la grace de Dieu, roi de France et de Navarre, à tous ceux qui ces présentes verront, salut.

Ayant résolu de prévenir le retour des manœuvres qui ont exercé une influence pernicieuse sur les dernières opérations des colléges électoraux;

Voulant en conséquence réformer, selon les principes de la Charte constitutionnelle, les règles d'élection dont l'expérience a fait sentir l'inconvénient,

Nous avons reconnu la nécessité d'user du droit qui nous appartient de pourvoir, par des actes émanés de nous, à la sûreté de l'état et à la répression de toute entreprise attentative à la dignité de notre couronne.

A ces causes,

Notre conseil entendu,

Nous avons ordonné et ordonnons :

Article premier. Conformément aux articles 15, 36 et 30 de la Charte constitutionnelle, la chambre des députés ne se composera que de députés de département.

Art. 2. Le cens électoral et le sens d'éligibilité se composeront exclusivement des sommes pour lesquelles l'électeur et l'éligible seront inscrits personnellement, en qualité de propriétaire ou d'usufruitier, au rôle de l'imposition foncière et de l'imposition personnelle et mobilière.

Art. 3. Chaque département aura le nombre de députés

qui lui est attribué par l'article 36 de la Charte constitutionnelle.

ART. 4. Les députés seront élus et la chambre sera renouvelée dans la forme et pour le temps fixé par l'article 37 de la Charte constitutionnelle.

ART. 5. Les colléges électoraux se diviseront en colléges d'arrondissement et colléges de département.

Sont toutefois exceptés les colléges électoraux des départemens auxquels il n'est attribué qu'un seul député.

ART. 6. Les colléges électoraux d'arrondissement se composeront de tous les électeurs dont le domicile politique sera établi dans l'arrondissement.

Les colléges électoraux de département se composeront du quart le plus imposé des électeurs du département.

ART. 7. La circonscription actuelle des colléges électoraux d'arrondissement est maintenue.

ART. 8. Chaque collége électoral d'arrondissement élira un nombre de candidats égal au nombre des députés de département.

ART. 9. Le collége d'arrondissement se divisera en autant de sections qu'il devra nommer de candidats.

Cette division s'opérera proportionnellement au nombre des sections et au nombre total des électeurs du collége, en ayant égard autant qu'il sera possible aux convenances des localités et du voisinage.

ART. 10. Les sections du collége électoral d'arrondissement pourront être assemblées dans des lieux différens.

Art. 11. Chaque section du collége électoral d'arrondissement élira un candidat et procédera séparément.

Art. 12. Les présidens des sections du collége électoral d'arrondissement seront nommés par les préfets, parmi les électeurs de l'arrondissement.

Art. 13. Le collége de département élira les députés.

La moitié des députés du département devra être choisie dans la liste générale des candidats proposés par les colléges d'arrondissement.

Néanmoins si le nombre des députés du département est impair, le partage se fera sans réduction du droit réservé au collége du département.

Art. 14. Dans le cas où, par l'effet d'omissions, de nominations nulles ou de doubles nominations, la liste de candidats proposés par les colléges d'arrondissement serait incomplète, si cette liste est réduite au-dessous de la moitié du nombre exigé, le collége de département pourra élire un député de plus hors de la liste ; si la liste est réduite au-dessous du quart, le collége de département pourra élire hors de la liste la totalité des députés du département.

Art. 15. Les préfets, les sous-préfets et les officiers généraux commandant les divisions militaires et les départemens ne pourront être élus dans les départemens où ils exercent leurs fonctions.

Art. 16. La liste des électeurs sera arrêtée par les préfets en conseil de préfecture. Elle sera affichée cinq jours avant la réunion des colléges.

Art. 17. Les réclamations sur la faculté de voter aux

quelles il n'aura pas été fait droit par les préfets seront jugées par la chambre des députés en même temps qu'elle statuera sur la validité des opérations des colléges.

Art. 18. Dans les colléges électoraux du département les deux électeurs les plus âgés et les deux électeurs le plus imposés rempliront les fonctions de scrutateurs.

La même disposition sera observée dans les sections de collége d'arrondissement, composées de plus de cinquante électeurs.

Dans les autres sections de collége, les fonctions de scrutateur sont remplies par le plus âgé et par le plus imposé des électeurs.

Le secrétaire sera nommé dans le collége des sections de collége par le président et les scrutateurs.

Art. 19. Nul ne sera admis dans le collége ou section de collége s'il n'est inscrit sur la liste des électeurs qui en doivent faire partie. Cette liste sera remise au président, et restera affichée dans le lieu des séances du collége pendant la durée de ses opérations.

Art. 20. Toute discussion et toute délibération quelconques seront interdites dans le sein des colléges électoraux.

Art. 21. La police du collége appartient au président. Aucune force armée ne pourra, sans sa demande, être placée auprès du lieu des séances. Les commandans militaires seront tenus d'obtempérer à ses réquisitions.

Art. 22. Les nominations seront faites dans les colléges et sections de collége à la majorité absolue des votes exprimés :

Néanmoins, si les nominations ne sont pas terminées après deux tours de scrutin, le bureau arrêtera la liste des personnes qui auront obtenu le plus de suffrages au deuxième tour. Elle contiendra un nombre de noms double de celui des nominations qui resteront à faire. Au troisième tour, les suffrages ne pourront être donnés qu'aux personnes inscrites sur cette liste, et la nomination sera faite à la majorité relative.

Art. 23. Les électeurs voteront par bulletin de liste. Chaque bulletin contiendra autant de noms qu'il y aura de nominations à faire.

Art. 24. Les électeurs écriront leur vote sur le bureau, ou l'y feront écrire par un des scrutateurs.

Art. 25. Le nom, la qualification et le domicile de chaque électeur qui déposera son bulletin, seront inscrits par le secrétaire sur une liste destinée à constater le nombre des votans.

Art. 26. Chaque scrutin restera ouvert pendant six heures et sera dépouillé séance tenante.

Art. 27. Il sera dressé un procès-verbal pour chaque séance. Ce procès-verbal sera signé par tous les membres du bureau.

Art. 28. Conformément à l'article 46 de la Charte constitutionnelle, aucun amendement ne pourra être fait à une loi, dans la chambre, s'il n'a été proposé ou consenti par nous, et s'il n'a été renvoyé et discuté dans les bureaux.

Art. 29. Toutes dispositions contraires à la présente ordonnance resteront sans effet.

Art. 30. Nos ministres secrétaires d'état sont chargés de l'exécution de la présente ordonnance.

Donné à Saint-Cloud, le 25e jour du mois de juillet de l'an de grâce mil huit cent trente, et de notre règne le sixième.

CHARLES.

Par le roi :

Le président du conseil des ministres,
Prince DE POLIGNAC.

Le garde des sceaux de France, ministre de la justice,
CHANTELAUZE.

Le ministre secrétaire d'état de la marine et des colonies,
Baron D'HAUSSEZ.

Le ministre secrétaire d'état de l'intérieur,
Comte DE PEYRONNET.

Le ministre secrétaire d'état des finances,
MONTBEL.

Le ministre secrétaire d'état des affaires ecclésiastiques et de l'instruction publique,
Comte DE GUERNON-RANVILLE.

Le ministre secrétaire d'état des travaux publics,
Baron CAPELLE.

CHARLES, par la grace de Dieu, roi de France et de
Navarre,

A tous ceux qui ces présentes verront, salut.

Vu l'ordonnance royale en date de ce jour, relative à
l'organisation des colléges électoraux ;

Sur le rapport de notre ministre secrétaire d'état au
département de l'intérieur,

Nous avons ordonné et ordonnons ce qui suit :

Article premier. Les colléges électoraux se réuniront,
savoir, les colléges électoraux d'arrondissement, le 6 septembre prochain, et les colléges électoraux de département le 18 du même mois.

Art. 2. La chambre des pairs et la chambre des députés des départemens sont convoquées pour le 28 du
mois de septembre prochain.

Art. 3. Notre ministre secrétaire d'état de l'intérieur
est chargé de l'exécution de la présente ordonnance.

Donné à Saint-Cloud, le 25e jour du mois de juillet
mil huit cent trente, et de notre règne le sixième.

CHARLES.

Par le roi :

Le ministre secrétaire d'état de l'intérieur,
Comte de Peyronnet.

II.

(Voir page 75.)

Le comte de Semallé (Jean-René-Pierre), né à Mamers
(Sarthe), le 4 février 1772, mort à Versailles le 30 janvier 1863, d'une ancienne famille du duché d'Alençon,
dont une branche était établie aux environs de Mamers,
dans le Maine, sortit du collége des oratoriens de Ven-
dôme pour entrer aux pages de la grande écurie du roi.
A l'âge de vingt ans, il suivit le mouvement qui faisait
émigrer une grande partie de la noblesse française;
mais, comme il avait quitté fort jeune la maison paternelle où il revenait très rarement, comme ses parens
n'émigrèrent pas et comme on le connaissait peu au pays
natal, il ne fut pas porté sur les listes d'émigrés.
D'autre part, exempt de la réquisition, comme natif d'un
des départemens de l'Ouest, il ne fut point inquiété,
rentra, sortit de France, et fut, de près ou de loin, mêlé
à une grande partie des tentatives faites en faveur de la
royautésous le consulat et l'empire. Marié, le 23 mai 1810,

à une orpheline[1] qui possédait des propriétés considérables dans la Champagne, il profita de cette circonstance, ainsi que du mariage de la sœur de sa femme en Bourgogne, pour se rendre dans l'est de la France, alors envahi, au printemps de 1814, dans l'espoir d'y trouver le comte d'Artois.

Il le trouva en effet à Vesoul, et le lieutenant-général du royaume lui donna, pour le service de sa cause, des instructions écrites de sa main et signées. Si laconiques que fussent ces pouvoirs, le porteur, rentrant à Paris au moment de l'écroulement de l'empire, se trouva, plus encore par le fait de la débandade générale que par les termes même des instructions, investi d'une autorité qu'il eût pu rendre presque dictatoriale, s'il eût été préparé à ces événemens extraordinaires, et si l'on eût trouvé dans l'histoire des révolutions subites qui ont succédé des exemples qu'on n'avait point alors. Quand fut improvisé le fameux gouvernement provisoire, M. de Semallé ne voulut point abdiquer et fit de la contre-politique, ce qui lui valut des haines implacables.

C'est à lui que fut due l'adoption, à contre-cœur, du drapeau blanc; ses émissaires obtinrent du maréchal Jourdan sa proclamation historique, qui fit prendre l'an-

---

1. Claudine-Marie-Zoé de Thomassin de Biémoille, fille du comte Alexandre de Thomassin, grand bailli d'épée de Saint-Dizier, et d'Alexandrine-Claudine-Félicité de Mandat, née le 25 juillet 1789. Ses père et mère montèrent ensemble sur l'échafaud de la place Louis, le 23 floréal an II (12 mai 1794).

cienne couleur à la division militaire de Rouen. Dès lors, le gouvernement provisoire, dépassé sur cette question, devenue si grosse plus d'un demi-siècle après, dut s'abstenir de nouvelles luttes contre l'ancien drapeau, et le pavillon blanc fut arboré aux Tuileries, peu d'heures avant l'entrée du frère du roi.

Au 20 mars 1815, M. de Semallé dut quitter précipitamment Paris pour éviter la mort. Il fut nommé commissaire du roi à Bruxelles pendant les cent-jours, et rentra après la défaite de Napoléon. Mais il était du nombre des « hommes du comte d'Artois, » et l'histoire a dit que Louis XVIII craignait, dans l'intérêt de sa popularité, de trop accorder à ces amis de son frère.

A l'avénement de Charles X, celui-ci dut subir des obligations de haute politique, au point que beaucoup de ses anciens amis lui reprochèrent ce qu'ils appelaient, à tort ou à raison, une ingratitude. Loin de se mêler à ces récriminations, M. de Semallé tint bon envers et contre tous, et au moment du danger, lorsque personne ne songeait plus à lui, hors le roi pourtant, il vint se mettre à la disposition du souverain qui le plaça sous les ordres du duc de Raguse.

M. de Semallé reçut de l'état-major l'ordre d'aller à Évreux pour chercher les régimens de la garde, et nous savons comment il trouva encore moyen de parvenir jusqu'au roi, qui lui rendit alors la plus grande justice qui fût en son pouvoir, en le chargeant du sort de son ministre.

Depuis la révolution de 1830, M. de Semallé, quoique

s'occupant toujours de ce qui avait fait l'objet de son activité dans sa jeunesse, ne joua plus aucun rôle dans la politique, mais fit plusieurs voyages auprès du roi et des princes.

Il est peu d'hommes dont le rôle historique ait été à la fois plus important et plus calomnié. C'est ainsi qu'on est allé jusqu'à l'associer aux infamies révélées par le procès Maubreuil. La vérité, c'est que M. de Semallé a puisé dans son amour pour la monarchie et son attachement à Charles X l'audace et le courage, quelquefois imprudent, avec lesquels il servit la cause royale, et qu'au jour du danger, on le vit apparaître oublieux de l'ingratitude que les nécessités politiques avaient imposée à Charles X.

III.

(Voir page 80.)

Au sujet de la fuite de MM. de Montbel et Capelle, nous devons au détenteur des archives du château de Bâville la communication d'un récit du temps qui nous a paru bon à reproduire. Nous avons cru devoir laisser à cet épisode sa forme et sa saveur.

Bâville, en août 1830.

Pendant la possession de M. de Saulty, il s'est passé, au château de Bâville, un fait historique très intéressant, dont nous devons rendre compte.

Le 2 ou le 3 août 1830, dans les journées, par conséquent, de la révolution de juillet, deux messieurs se sont présentés au bureau de la régie de Bâville, demandant à parler à M. ou à Mme de Saulty.

Le régisseur, M. Bailly, s'il avait tenu compte des troubles de Paris et des inquiétudes qui régnaient dans les campagnes, aurait pu trouver la demande quelque peu indiscrète; mais il se trouvait en présence de deux personnes si parfaitement polies, si convenables dans leur langage, si distinguées dans leurs manières, qu'il n'éprouva aucune hésitation.

« Messieurs, leur a-t-il dit, veuillez me suivre et je vais vous conduire près de Mme de Saulty, la seule présente au château en ce moment. »

Et, en effet, il fit passer les deux visiteurs du bureau de la régie par l'intérieur du château jusqu'au salon où se tenait Mme de Saulty avec sa dame de compagnie.

Sitôt que Mme de Saulty eut aperçu et reconnu les deux visiteurs, elle jeta un cri de surprise et sortit du salon par le billard en invitant M. Bailly à venir lui parler.

Celui-ci se rendit au plus vite à l'appel qui lui était fait, et, dans le petit salon, Mme de Saulty lui apprit que les deux visiteurs qu'il avait amenés étaient MM. Capelle et Montbel, les ministres de Charles X, qui avaient signé les fameuses ordonnances, et contre lesquels l'opinion publique se montrait si vivement irritée, et lui dit qu'il n'était pas possible de les recevoir à Bâville, parce que si leur présence y était signalée ou seulement soupçonnée par des indiscrétions ou quelques bavardages, il pourrait arriver que le château fût assiégé, bouleversé, pillé, détruit même, pour trouver les ministres coupables et les punir, et qu'en conséquence, il fallait les faire repartir immédiatement.

M. Bailly était un ancien soldat de marine jeune encore; il avait monté les vaisseaux corsaires chargés par Napoléon Ier de faire la chasse, de poursuivre et de détruire les bâtimens de commerce anglais, surtout ceux qui se livraient à la contrebande pour faire entrer en France des marchandises prohibées, ce que l'on appelait des denrées coloniales, et il s'était acquitté de ses devoirs avec courage et une bravoure touchant de près à la témérité : c'était donc un brave, et Mme de Saulty a eu raison de lui dire qu'elle comptait sur lui pour la sortir d'embarras, dans la circonstance délicate où elle se trouvait.

D'un autre côté, M. Bailly appartenait à la secte des libres penseurs, et, quoique très susceptible sur les questions de bravoure et d'honneur, comme ses coreligionnaires, il était sceptique, et, comme eux encore, il prêtait volontiers sa croyance à des rêveries, des superstitions, des préjugés populaires, notamment aux diseurs de bonne aventure, et dans la situation où nous le trouvons, il se rappela que Mlle Lenormand, célèbre tireuse de cartes bien connue, qu'il avait maintes fois consultée, lui avait prédit, entre autres choses, qu'un jour il serait appelé à sauver la vie de deux personnages considérables. Selon sa manière de voir, ces deux personnages étaient probablement ceux qui se trouvaient alors entre ses mains, de telle sorte qu'il comprit la nécessité de concilier la double mission dont il fut investi : celle de Mme de Saulty d'une part, et celle que sa destinée lui confiait d'autre part.

Son plan de campagne arrêté dans son esprit, il retourna au salon près de ses visiteurs et il leur dit :

« Messieurs, vous ne pouvez rester ici; mais soyez tranquilles, je vais vous conduire dans ma maison où vous serez en parfaite sûreté, je vous en donne ma parole d'honneur. »

Les deux personnages donnèrent l'un et l'autre leur assentiment au projet proposé et suivirent M. Bailly, qui leur fit traverser silencieusement le parc et les conduisit à Saint-Chéron, dans sa maison qu'habitait son vieux père infirme en compagnie d'une ancienne gouvernante, fidèle et dévouée.

Arrivés là, vers les quatre à cinq heures après midi, M. Bailly installa ses hôtes dans son salon, et, prévoyant que leur dernier repas pouvait bien dater d'assez loin, il leur proposa de dîner ou au moins de manger un morceau, « car, dit-il, pour n'éveiller aucun soupçon je vais être obligé, en envoyant chez le boucher, de restreindre ma demande à ce que je pratique assez souvent lorsque je viens voir mon père, un gigot de mouton que nous partageons et qui, avec vous, messieurs, pourra vous aider à attendre mieux. »

Les ordres nécessaires ayant été discrètement donnés, la gouvernante se procura le gigot ordinaire, le fit cuire et le servit sur une table dressée dans le salon, et à laquelle prirent part les deux étrangers et M. Bailly fils seulement.

Celui-ci fit les honneurs de sa table, découpa le gigot, servit ses convives, et mangea et but avec eux.

Le repas fut d'abord assez silencieux, quelques paroles bienveillantes s'échangèrent de part et d'autre et ce fut tout. Les sujets de conversation ne manquaient pas pourtant, car les événemens du jour préoccupaient singulièrement les esprits ; mais aucun des convives n'en parla, n'y fit même allusion ; les étrangers, sachant qu'ils étaient connus, n'en ont voulu rien dire ni rien demander pour ne pas s'exposer à des questions sur lesquelles il leur parut utile de garder le silence, et M. Bailly s'est montré discret pour ne pas aggraver la situation pénible, anxieuse, où se trouvaient ses convives.

Cependant, le repas se continuait, et M. Bailly, qui s'est rappelé avoir dans sa cave de très bon vin, crut l'occasion favorable d'en servir sur sa table. Il alla donc en chercher, en servit et provoqua ses convives à en boire avec lui ; mais tandis que ceux-ci, voulant garder tout leur sang-froid et se tenir dans la plus grande réserve, ne consentirent qu'à y goûter, leur hôte s'en versait et buvait sec en savourant et faisant l'éloge de son vin, de son vin de Bordeaux d'un cru renommé, qui était déjà vieux et des plus agréables au goût.

M. Bailly fut longtemps très discret et très convenable vis-à-vis de ses deux convives ; mais il avait l'esprit très agité au sujet de l'insurrection de Paris. Tant qu'il fut maître de lui, aucune parole ne sortit de sa bouche sans avoir été parfaitement réfléchie ; mais lorsque le vin qu'il but l'eut excité, enhardi, il ne put se contenir davantage, mit la conversation sur le sujet qui le préoccupait le plus et fit à ses convives de vifs reproches.

« Comment, messieurs, leur dit-il, vous avez signé les funestes ordonnances, prescrit les mesures nécessaires pour en assurer l'exécution ; vos actes ont provoqué une insurrection, et vous n'êtes pas restés à votre poste pour les soutenir et les défendre ? Une bataille sanglante s'est livrée entre vos adversaires et vos partisans ; ceux-ci se font tuer pour protéger votre cause, celle que vous croyez la bonne, et au lieu de combattre avec eux et de mourir sur la brèche, s'il le fallait, en la défendant, vous la désertez, vous vous tenez à l'écart, vous vous cachez ! En vérité, votre conduite est incompréhensible et des plus coupables. »

Les deux ministres furent sans doute très émus, très agités à la suite d'une pareille algarade. S'ils avaient connu M. Bailly, l'homme incrédule et sans conviction, ils se seraient expliqués en engageant avec lui une conversation dans laquelle ils seraient parvenus facilement sans doute à se disculper ; mais leur hôte paraissait convaincu, il parlait haut, et s'ils essayaient de justifier le parti auquel ils s'étaient arrêtés, peut-être s'exposeraient-ils à des récriminations encore plus violentes, qui pouvait savoir ? peut-être, à des actes violant l'hospitalité qui leur avait été promise.

Ils se résignèrent donc et déclarèrent qu'ils désiraient beaucoup rentrer à Paris, prendre part active à la lutte qui s'y livrait, mais que les moyens de s'y rendre leur avaient fait défaut jusque-là.

« S'il en est ainsi, dit M. Bailly, je me charge de vous y conduire moi-même, non pas demain, mais ce soir et à l'instant même, si vous le voulez bien. »

Les deux ministres se levèrent en signe d'assentiment,

en déclarant qu'ils étaient prêts à partir et ne désiraient rien de mieux.

M. Bailly leur en témoigna sa satisfaction.

« Je vais vous conduire à Paris, leur dit-il, et je vous placerai au milieu des vôtres, et il se pourra que je prenne part à la bataille engagée dans un autre camp, sous un autre drapeau que le vôtre, mais jusque-là, soyez assurés qu'il ne vous arrivera rien de fâcheux. »

Il les reconduisit ensuite à Bâville dans son bureau, donna l'ordre à Pierre Bua, dit Cadet, le palefrenier, d'atteler un cheval à son cabriolet pour être prêt à partir ; puis, il se rendit près de Mme de Saulty pour lui annoncer qu'il allait lui-même reconduire les deux visiteurs.

Mme de Saulty s'y opposa.

« Il faut absolument, monsieur Bailly, que vous restiez avec moi pour me protéger au besoin, vous le devez et je l'exige ; à l'égard des visiteurs, faites-les conduire à Paris si bon vous semble, par Cadet ou par tout autre, j'y consens, mais par vous, cela n'est pas possible. »

M. Bailly comprit la réclamation qui lui était adressée, promit de s'y conformer et chargea Cadet de conduire à Paris les deux personnes qu'il avait dans son bureau et qu'il fit monter en voiture, ainsi que le cocher qu'il installa, en lui prescrivant formellement d'avoir à se conformer très exactement à tous les désirs que ces messieurs exprimeraient.

Cadet partit donc, suivit la route de Paris, passa à Bruyère-le-Châtel, rejoignit à la Folie la route d'Orléans à Paris, qu'il suivit jusqu'à la descente de Linas ; là, les deux voyageurs demandèrent à descendre, afin, dirent-ils, de parcourir à pied les deux côtes et vous nous attendrez sur le haut de la montagne, au-dessus de Montlhéry. Cadet obéit, fit mettre pied à terre à ses deux voyageurs et partit pour aller les attendre au point qui lui avait été indiqué.

A ce moment, il était entre minuit et une heure du matin.

Arrivé sur le sommet de la côte de Montlhéry, Cadet attendit ses voyageurs ; il eut la patience de prolonger son attente jusqu'à plus de six heures du matin, heure à laquelle ne voyant rien venir, il se décida à rentrer à Bâville, où il rendit compte de ce qui s'était passé.

Il y a tout lieu de croire que les deux ministres se sont rendus chez le duc de Maillé, au château de l'Ornoy, d'où ils se sont dirigés vers la frontière de l'est pour se soustraire aux poursuites dont ils étaient l'objet, et en résumé, ce sont les deux des trois ministres de Charles X qui soient parvenus à se sauver.

IV.

(Voir page 158.)

Le roi Louis-Philippe espéra jusqu'au mois de février 1831 réunir dans le même cabinet M. Laffitte et M. Casimir Perier. Les lettres qu'il adressait à ce dernier, au moment de la formation du ministère du 3 novembre 1830, sont une preuve de cet espoir qui tint pendant trois mois contre l'évidence même. C'est à ce titre que nous les reproduisons ainsi que celles de M. Molé. Les unes et les autres sont publiées pour la première fois.

LETTRES DE M. MOLÉ.

« Mon cher et digne collègue, le roi vous attend à dix heures; il m'a chargé de vous le dire. Recevez l'expression de l'attachement et de la haute estime les plus profonds et les plus véritables.

« MOLÉ.

« Dimanche. »

« Mon cher collègue, je suis sorti consterné, je vous l'avoue, du Palais-Royal. Avant de me coucher, je veux vous dire toute ma pensée. Si Odilon Barrot passe aux postes, au lieu d'être simplement destitué, nous acceptons l'article des *Débats*, et nos deux collègues démissionnaires ont seuls ressenti l'injure faite à la chambre et au ministère. Mais ce n'est pas ma seule objection ; jamais je ne consentirai au sacrifice très injuste de M. Louis ; je n'ai aucune espèce de liaison politique ou privée avec lui ; mais il a rendu de grands services, il gouverne son ministère mieux qu'aucun de nous n'a gouverné le sien, et ce serait continuer le système de concession aux journaux et à la clameur d'un parti que de le laisser aller : réfléchissez-y bien, je vous en conjure. Je me suis profondément scruté, et mon parti est pris irrévocablement. Rien ne me fera rester dans le ministère, s'il faut ajouter l'ombre d'une concession à celle que nous faisons déjà en laissant partir les deux démissionnaires. Mille amitiés dévouées.

« M.

« Mercredi, minuit. »

« A peine me quittiez-vous que M. Laffitte est venu : il offre presque toutes les concessions, même de laisser partir Dupont. Puis, il a obtenu de Dupont, vous à l'intérieur. Enfin, il veut que je vous voie et demande une réponse ce soir pour la porter au roi.

« Je suppose que vous aurez appris tout cela au Palais-Royal. Mais voici une marche. Je dîne dehors et je reviens chez moi recevoir mon monde vers huit heures. Voulez-vous bien, mon cher collègue, venir un peu avant huit heures et être assez bon pour m'attendre si je ne suis pas rentré. Enfin, si vous ne pouvez venir que pendant ma réception, je la quitterai, et nous causerons.

« M.

« Jeudi, 6 heures. »

« Deux heures du matin.

« En rentrant, j'ai trouvé une nouvelle lettre du duc de Wellington qui presse les conférences, mais dont l'accent est très pacifique. — Dans cette situation des affaires, notre retraite sera un grand malheur, et cependant, je ne vois aucun moyen pour nous de rester honorablement, en acceptant seulement ce qu'on nous propose. Plus je réfléchis, plus j'incline au refus. Ne demandons pas, croyez-moi, de rendez-vous aux deux partans, mais allons les trouver ensemble, et si cela vous convient, mon cher collègue, dites-moi à quelle heure je dois aller vous prendre. Quelle que soit notre décision, je crois qu'il sera bien de ne pas la faire attendre et de l'envoyer au roi dans la journée.

« Tout à vous.

« MOLÉ. »

LETTRES DU ROI A M. C. PERIER.

(Extraits.)

« 23 octobre 1830.

« Je voulais vous témoigner mes regrets de n'avoir pas
pu vous parler ce soir, comme je le désirais vivement.
Vous avés (*sic*) vu ce qui m'en a empêché. Je vous aurais
dit ce qu'il serait trop long et trop difficile, même impossible de vous écrire, surtout ce soir, où je me sens fati-
gué au physique et au moral. Pourtant, avant tout, il faut
faire son devoir et sortir d'une position qui n'est pas
tenable et d'un tourment qui ne l'est pas davantage. Je
disais à M. Laffitte que je ne sortirai pas demain avant
deux heures et demie, mais il faut que je vous voye tous
les deux, et si vous avés besoin que je ne sorte pas du
tout pour vous recevoir plus tard, je vous ferai bien
volontiers le sacrifice de ma promenade. .   .   .   .   .

(*Paraphe.*)

« Ce samedi 23 octobre 1830, à minuit. »

« 24 octobre 1830.

« Je sèche sur pied dans mon impatience d'en finir.
Mon espoir est en vous. J'ai là M. Thiers qui sort de

chez M. Laffitte et que je vous envoie au plus vite. Je crois que tout se peut bien arranger, mais venés (*sic*) me voir le plus tôt possible.

(Paraphe).

« Ce dimanche 24 octobre 1830, à 9 heures et demie. »

« 27 octobre 1830.

« Je sèche d'impatience de vous voir, car c'est de vous que tout dépend pour nous tirer de l'embarras où nous sommes. Il faut que nous causions avant le conseil. Venés me voir le plus tôt que vous pourrés (*sic*).

(Paraphe).

« Mercredi 27 octobre 1830, à 9 heures et demie. »

« 30 octobre 1830.

« Vous êtes bien sûr de toute la peine que m'a fait le résultat de la dernière réunion d'hier. J'avais emporté à Neuilly une espérance de vous conserver que j'ai vivement regretté de perdre à mon retour et j'étais pressé de vous le dire. . . . .

(Paraphe).

« Samedi matin, à 8 heures et quart, 30 octobre 1830. »

« 2 novembre 1830.

« Vous savez que c'est avec bien du regret que je vous ai vu décidé à vous éloigner du conseil, mais j'ai voulu vous le témoigner de nouveau après avoir signé l'ordonnance qui organise le conseil sans vous. Croyés (*s c*) que je vous aprécie (*sic*) comme vous le mérités (*sic*), que je désire vous revoir souvent et vous témoigner tous mes sentimens pour vous.

(*Paraphe*).

« Ce mardi 2 novembre 1830. »

V.

(Voir page 258.)

LETTRE DE M. DE LAFAYETTE.

AU ROI.

26 décembre.

« Sire,

« Votre majesté m'a dit hier soir que l'objet de notre conversation devait être terminé aujourd'hui. J'ai vu MM. Laffitte et de Montalivet. Ils m'ont parlé de l'amendement que le président du conseil comptait proposer. Mais, sire, vous savez bien qu'il ne détruit pas les objections que j'ai pris la liberté de vous soumettre. J'ai dit à M. de Montalivet que je me regardais comme ayant donné ma démission et je pense qu'il aura donné ses ordres en conséquence. Cependant je crois devoir le répéter au roi, parce que le général Carbonel et mon fils ayant suivi mon sort, ainsi que l'aide-major général Tracy, il faudrait que les ordres fussent donnés pour le service de demain. Croyez, sire, que le devoir que je crois remplir m'est plus pénible que je ne puis l'exprimer. C'est aujourd'hui plus que jamais que j'ai besoin de joindre à l'hommage de mon respect celui de mon profond et inaltérable attachement. »

Le roi fit à cette lettre une réponse pleine de regrets et d'égards. Mais il déclarait nettement à M. de Lafayette qu'après tant d'efforts impuissans pour changer une résolution qu'il devait désormais considérer comme irrévocable, « il allait prendre des mesures pour que le service ne fût pas interrompu et pour remplir le vide qu'il aurait tant voulu prévenir et qui lui faisait tant de peine. »

TABLE DES MATIÈRES

Pages.